熊彼得的
資本主義、社會主義與民主（筆記版）

約瑟夫・熊彼得（Joseph Schumpeter）——著
伊莉莎——編譯

創造性破壞與全球經濟秩序，剖析體系與制度的未來發展

西方經濟學的重要代表作之一 ｜ 探討社會經濟體系的根本問題

重新編輯與精簡，更易讀、更集中
濃縮熊彼得的觀察、分析和批判
一部適合現代讀者的經濟學著作！

CAPITALISM
SOCIALISM
AND DEMOCRACY

目錄

導論
從馬克思中歸來

- 018　重塑社會建構的可能性
- 019　馬克思的矛盾與遺產
- 020　社會學家馬克思及其理論
- 022　馬克思階級理論的局限與發展
- 024　馬克思的學識與分析眼光
- 024　馬克思的學習之路,從李嘉圖到自我突破
- 027　資本論中的價值與剩餘價值理論
- 029　資本主義危機中的馬克思理論
- 032　新技術發展的兩難
- 034　工具主義的陷阱
- 036　重審馬克思的科學社會主義預言

資本主義的存續性

- 041　資本主義的歷史性和改革潛力
- 043　資本主義制度下的「理想化」現象
- 046　創造性破壞,資本主義發展的本質
- 047　新技術下的價格策略
- 048　創新時代下的產業變革

目錄

051　企業的短期壟斷與長期競爭力
053　不論是創新還是摧毀 —— 資本主義的自我更新
054　資本主義的持續成長與未來挑戰
055　新資本主義的挑戰
057　技術進步的雙重面向
060　資本主義的藝術與生活
062　新時代的企業家角色
064　資本主義的自我衰退
066　資本主義制度的崩潰
067　資本主義的創造性破壞
069　知識分子的興起與影響
072　知識分子與政治的微妙關係
073　家庭的瓦解，資產階級的內在危機

社會主義的不確定性

078　社會主義的可行性與實踐
081　社會主義經濟的純理論
084　社會主義經濟的可能性
086　社會主義與資本主義的文化比較
087　社會主義面臨的文化效應評析
090　社會主義藍圖的邏輯與優勢
092　社會主義的優劣之爭
093　以人性出發的社會主義藍圖
094　巧用歷史比擬，論證論證的相對性
095　一見就知道的事實

097　人才利用與官僚問題的平衡

099　名義收入下降時代的新型補償

100　社會主義制度下的節約與紀律

101　社會主義下的紀律挑戰

102　社會主義勞動紀律的優勢

104　時代論爭與理想藍圖

105　社會主義過渡中的關鍵問題

108　社會主義化的危險與挑戰

110　社會主義實踐的挑戰與機遇

民主與社會主義的交織

115　民主的兩難：是忠於理想還是忠於程序

118　重新審視民主的形式

119　民主政治的古典誤解

122　民主政治的挑戰 —— 理想與現實的落差

123　人性、理性與民主政治

124　如何正確地做出理性決策

127　政治論證中常見的弊端

129　人性的兩面性：理性與非理性之探討

132　選民的職能：產生政府與控制政府

135　民主政體中的政府產生機制

137　決策的微妙和真實

139　新時代的民主政治與社會主義的共存

142　民主政治的挑戰與反思

143　民主政體成功的關鍵條件

144　民主政治的四大支柱
147　一個新的民主社會

時代的夢想與局限性

153　馬克思與知識分子的關係
155　馬克思的理想與現實
158　社會主義運動的起點與挑戰
158　社會主義在英國的發展與費邊主義
160　費邊社社會主義的價值與爭議
162　社會主義的平穩改革之路

社會主義的兩面人性

167　革命與背離 —— 馬克思主義的俄國命運
168　新時代的挑戰：美國社會主義的成長曲折
170　美國社會主義運動的興衰
173　回顧並反思法國議會政治的局限性
175　社會改革與德國特色的君主制
178　革命路線的歷史爭辯
181　走向成熟的社會主義運動
184　社會主義陣營的轉變與道德重建
185　戰後社會主義政黨的崛起
187　國際社會的重建之路
187　共產主義與俄國的影響
190　現代革命運動的挑戰與出路

192　困難時期的政治領導藝術

195　危機中的社會主義運動

第二次世界大戰的餘波

200　戰後世界的新秩序

202　社會主義轉型路徑與其他因素的影響

204　重塑政府管理，打造高效財政體系

207　從戰後通貨膨脹到成長困境

210　拯救資本主義：應對停滯危機的政策建議

211　新的秩序

213　以同理心理解不同政體的邏輯

214　思想家對文明進步的貢獻

218　科學與經濟的光輝時代

目錄

導論

熊彼得此書,如他本人所說,是他對社會主義這個主題近40年思考與研究的成果。正如他在最早的序文中表達本書主旨時指出:「社會主義形式的社會將不可避免地從同樣不可避免的資本主義社會的解體中出現」,但後來在增入本書第三版的題為《大步進入社會主義》的一篇論文中,熊彼得對這個直率預言作了一些修改。他以十分明確的語調否認他試圖預言未來,宣告他的研究是對「觀察得到的趨勢」的分析,這些趨勢將依據不同的抵抗和相反趨勢的力量,有可能產生形形色色的結果,而抗拒與相反趨勢的力量是很難甚至不可能預見的。這次他的結論是,「資本主義秩序傾向於毀滅自己,而中央集權的社會主義是⋯⋯一個很可能的繼承人」。

自從熊彼得進行他的研究迄今,幾乎又有40年過去了,他對那些「觀察得到的趨勢」的分析顯得有多少道理呢?首先,資本主義以什麼方式傾向於毀滅它本身?根據熊彼得的見解不是因為資本主義產生不能解決的經濟問題。本書寫於1930年代經濟大蕭條接近結束之際,他直率地反對普遍認為即將出現資本主義經濟崩潰的觀點。特別是,他強烈地反對他稱之為「投資機會消失的理論」,這個理論認定,資本主義有一種經濟停滯的長期趨勢,那是利潤率下降和缺乏新的有利投資與有利經營企業機會的結果。在熊彼得的心目中,資本主義將被它的經濟成功而不是被它的經濟失敗殺死,因為這些成功造成一種不利的社會與政治氣候,或者如他所說,造成一種「幾乎普遍地仇恨它自己的社會秩序的氣氛」。

在產生這種反資本主義看法中有三個過程是重要的。第一,資本主

義經濟發展本身破壞熊彼得認為是資本主義基本特徵的創業或創新的機能，因為大企業的技術進步和官僚式經營往往使創新成為日常例行的事情，並以專家委員會和專家小組的活動代替個人的創造性。第二，資本主義毀壞從先前社會形式存活下來的保護層——士紳、小工商業者、農民和其他階層——並削弱個人所有權來支持現代公司中那種較分散的所有制，從而侵蝕了它自己的制度基礎。第三，資本主義鼓勵一種理性的和批判的心態，它最終反過來反對自己的社會制度，它造就龐大的知識分子階層，由此大大支持了這個過程，據熊彼得看來，知識分子「在社會動亂中有既定利益」。

1930年代末以後時期所發生的事件，為熊彼得的論點提供了一些支持。毫無疑問是戰爭使資本主義有可能從衰退中開始恢復，但在它戰後的發展中，並沒有什麼停滯或迫在眉睫的崩潰的跡象。即使1970年代中期的衰退，現在也開始顯示只是暫時性的挫折，整個戰後時期，經濟成長速度特別快。這種成長在1950年代和1960年代是如此明顯，當時「富裕社會」的理論日漸普及，以至於對資本主義社會的激進批評往往從經濟分析移向文化批評，這樣的轉變，在馬庫色的著作中和在1960年代後期激進運動的思想中表現得最為鮮明。就在這段時間，「文化革命」和「反文化」的理論具有相當大的影響，在當時激進運動中知識分子發揮的很大一部分作用可以認為與熊彼得所說的資本主義衰落過程中的一個重要因素正好一致。

但還有某些重要的差異。以往10年裡的許多激進批評，並未使資產階級理性主義反對資本主義社會制度，而是更傾向於向任何形式的高度有組織的工業社會（不管是資本主義還是社會主義）中科學和技術思想所展現的理性主義觀點的思想意識優勢地位挑戰。這個行動並未擴散開來形成普遍反對資本主義，而往往把從事文化批評的知識分子階層和大部

分主要關心經濟成長因而關心進一步發展和使用科學技術的大部分人區分開。從這個方面說，可以這樣認為，普遍敵視資本主義的思想並沒像熊彼得想像的那樣增長和擴展，而是主要被較快經濟發展所遏制，也就是說，被新的經濟「成功」所遏制。

而且戰後的趨勢、尤其是近年的趨勢，對熊彼得的分析提出某些其他懷疑。資本主義經濟制度的繼續存在依靠創新和擴展，可以這樣說，在為了保護自然資源必須限制經濟成長率的條件下（包括限制人口成長和使用能源等），這樣的擴展很可能越來越困難。在這些考慮之外，還可以加上對繼續以過去幾十年獲得的速度進行技術創新的可能性，和出現過去由鐵路隨後由汽車發展所提供的那種規模新投資機會的可能性的疑問。熊彼得論述了一些這樣的問題，但與現在發生的狀況十分不同，他對資本主義經濟前景的看法，甚至他對他關心的大約40年的中期未來前景的看法，可能顯得過分樂觀了。

無論如何，資本主義的衰落（不管如何發生）並不招致社會主義社會的出現，而熊彼得認為社會主義是「很可能的繼承人」的觀點是以這樣的論點為根據的，大意是經濟過程傾向於使本身社會化。他進行分析的現代社會發展體系有三個階段，我們可以稱之為進取的資本主義、有組織的或官僚結構的資本主義和社會主義。從一個階段到下一個階段的過渡是作為經濟變化的後果來到的，在這些變化中最重要的是那些建立以現代科學和合理管理為基礎的大實業公司的那些變化。應該注意，熊彼得為社會主義下的定義只是作為一種經濟制度，「一種由中央當局控制生產方式和生產本身的制度模式⋯⋯或者說，原則上社會經濟事務屬於公有範疇不屬於私有範疇」。他在論述中把社會主義的文化目標擱置一旁，以帶幾分騎士的風度談到他稱之為「社會主義文化不確定性」的東西。結果是，在他的分析中從不思考社會主義是一場階級運動，它要求消滅和縮

小階級差別，從而獲得更大的社會平等，把群眾從統治階級強加的抑制中解放出來。熊彼得只關心社會的經濟改革，而當他查究社會主義能否發揮良好作用時：他的意思是指社會主義在經濟上是否有效率和能否增加生產。

這樣看待社會主義運動是非常狹隘的觀點，也是誇大社會主義文化多樣性的觀點。現代社會主義儘管形式多樣，可以肯定的是，它們集中關心的是與社會平等和個人自主與自決有關的問題。另一方面，社會主義者中很少有人把社會主義等同於中央集權的公有制和計畫經濟，或者更廣泛地說，把社會主義只想像為一種生產模式。如果一定要用一句話說出社會主義的特性，較適當的是指出它是一場使人類自由發展的運動，在這場運動中，經濟制度改造只是一個要素，它本身使建設不同類型的社會制度有多種多樣的選擇。

熊彼得關於資本主義和社會主義民主的論述也有點狹隘。在用經濟術語為社會主義下定義同時，他為民主下了個經濟性質的定義，把它想像為類似市場的制度安排。在那樣的民主中，不同的集團和個人——相當於企業和企業家——爭取選舉人，即政治「消費者」的選票。熊彼得特別強調經濟與政治組織之間的這種相似性，為了說明這點，他援引一位政界人士的話，大意是「生意人不懂的東西恰恰就是他們做石油生意而我做選票生意」。這個僅僅是選舉政治領導人的方法的民主理論（馬克斯·韋伯在他後期政治著作中已經表示過這個想法）是作為替代熊彼得反對的「經典理論」的理論提出來的，根據經典理論，民主包括關於公民參與政治生活和關於政治領袖與人民之間關係的性質的特定政治理想。

熊彼得並非總是十分嚴格地堅持他自己的概念，這一點是確實的，他在論述資本主義形成和現代民主出現之間的歷史性連繫甚至偶然關連

時，他介紹的理性行動、個人責任心、自我約束、容忍等等思想，看來更確切地是屬於經典理論。可是，把民主看做爭取政治領導權，看做是對任何社會或政治目標沒有明確實質的一種形式的觀念依然處於中心地位；這種情況使熊彼得不考慮民主是一種歷史現象，這個現象可以出現發展和擴大的趨勢，也會出現停滯和衰退的傾向。熊彼得提到民主時，只把它作為一種機械，指出它「可行」或「不可行」，它的機能較好或較壞；在他的思想體系中，似乎沒有辦法檢驗一個社會的民主是較多還是較少的問題。

但正是這個民主擴大問題是整個上一世紀社會主義運動理論和實踐發展中的根本要素，並在近年來的「分享民主制」思想中找到新的表達。這個世紀的全部階級鬥爭和民族解放運動均以這種或那種方式旨在建立一個更民主的社會，在這樣的社會裡，大部分人（尤其是迄今被排斥的人）將在以各種規模作出影響他們生活的決定中發揮更加直接和更為有效的作用，不管在工作單位、家庭和當地社群，或者在全國和國際範圍都是一樣。要這樣擴大民主的困難現在已非常明顯，那些社會主義社會的困難也一樣多，在那裡，經濟落後、專制統治的傳統、缺少先前的自由民主形式和單一政黨的統治全都反對建立在社會生活各方面保證由人民真正自治的制度。

情況也可能是這樣，如熊彼得提出的——後來許多批評社會主義的人追隨使用他這個論據——中央集權的經濟計畫實際上有害於民主參與，往往產生權力完全集中在政治領導人和計畫制定者手中，不管這些人選擇任何方式。但這裡，熊彼得在市場經濟和中央集權社會主義之間（用近期作家的話說是市場經濟和計畫經濟之間）所畫的界線太刻板了。完全不允許有任何選擇或替代。因為在大體上由中央計劃的經濟可能在

決策中依然有相當程度的權力分散。此種權力分散的一個特色就是社會主義市場經濟的出現，所以許多領域的經濟生活的決定可能是由許多不同的活動中心作出的，而不是一律由上級安排的。在最近10年裡，對於社會主義國家中的此類發展以及遵循這個方向的某些實際經濟改革，已經有過許多討論。

權力分散的另一方面，熊彼得在簡短評論第一次世界大戰後德國社會化委員會時幾乎隻字不提，它就是社會主義經濟中個人企業的生產組織問題。這裡也有各種不同的選擇，包括由上級或多或少全盤的獨裁控制到南斯拉夫模式的自治管理制度。儘管南斯拉夫制度遇到了各種問題，在我看來，它構成公有企業可以存在的有前途的形式，代表20世紀為擴大民主參與社會生活最有意義的貢獻之一。自治管理的思想近年來影響越來越大，不論在社會主義國家還是在資本主義國家的勞工運動中都是這樣，看來有可能，關於社會主義與民主或社會主義民主的爭論將逐漸以這些條件以及關於現在已經可行的工人自我管理生產的歷史經驗為準則。

考慮到它的所有局限性，熊彼得把民主視作選擇政治領導人方法的觀念中還有任何極大價值的東西嗎？也許它最重要的特色（雖然這點不為熊彼得重視）是包含在其中的異議和反對的思想。競選政治領導權使那些對他們在社會中所處地位不滿或對社會政策總方向不滿的集團有可能表達他們的批評意見和對那些眼下的政治領導人施加某種影響。但這仍舊不是保證社會可以接受批評和改革以及政策的決定不是用獨斷方式作出或不是為特殊利益集團服務的唯一重要方法。對於一個完全民主社會有效運作來說，至少有另外兩件事是極端重要的：第一，要有盡可能多的公民參與決策，也就是說，他們應該有機會和經驗在各種領域為他們生活的某部分行使政治領導權。第二，應當有各式各樣的相對自治社團

（包括國有工商企業），在這些社團裡可以實行這種自治管理辦法，它們為對社會安排的持久而不受阻止的批評與改革提供基礎。

　　熊彼得此書剛問世時獲得的成功和它對讀者持久的吸引力，我想可以用如下事實來解釋：它對當代從資本主義到社會主義的偉大社會過渡時期進行了認真和全面的檢驗（並把有啟發性的對馬克思理論的批判性讚揚放在全書開端，作為對值得注意的過渡時間的唯一社會主義分析），而不是因為書中對這個社會改革過程所作的那種性質的評價。熊彼得完全不歡迎社會主義的到來，他似乎和馬克斯·韋伯一樣，以同樣陰鬱的憂慮心情對這個問題作過沉思。但這個態度並不阻止他盡可能仔細和平心靜氣地分析那些使社會主義可能出現的趨勢，而這種分析可能加強了他對某些形式社會主義出現的困難和危險的認識，社會主義思想家本身在經過多次受騙之後，現在能夠更容易地意識到這些困難和危險。

湯姆·博托莫爾

布萊頓，1976 年

導論

從馬克思中歸來

從馬克思中歸來

　　大多數智力或想像力的創作，經過短短的一個小時或長達一個世紀的時間，就永遠消失了。但有些創作卻不同，它們經歷了多次的隱沒和重現，不是作為文化遺產中難辨的成分而重現，而是以自己獨有的形式重新出現，帶著人們可見可摸的痕跡和疤痕。這些創作，我們可以稱之為偉大的創作——把偉大與生命力連繫在一起的稱謂再恰當不過了。從這個意義上說，這個「偉大」稱號無疑適合馬克思的理論。

　　馬克思理論多次復活的解釋，可以獨立於我們的愛憎之外。我們不必認為一個偉大的成就必然是正確或無瑕疵的，相反，我們可以認為它是黑暗的力量，根本錯誤，或者不同意其某些特點。這樣的反對評價或正確批判，並不會對馬克思理論造成致命打擊，反而有助於彰顯它內在的力量。

　　過去20年，馬克思理論在全世界再次流行起來，以至於這位社會主義教義的偉大導師在蘇俄得到他應得的崇高地位已不足為奇。但這種「加聖」過程的一個獨特特徵是，馬克思理論的真正內涵與布爾什維克的實際行動和思想意識之間存在著極大鴻溝，至少有卑謙的加利利人的宗教和好戰領主之間那麼遙遠。而更令人感興趣的是，馬克思主義在美國重新盛行的現象，因為在20世紀前，美國勞工運動和知識分子領域都未曾出現馬克思主義的重要支流。相比之下，在馬克思主義傳統最強烈的德國，其思想領袖們反而對恢復舊教義興趣缺缺，更傾向於審慎保守的立場。因此，馬克思主義在美國的復興是一個獨特的現象，值得我們探討這一理論在當代美國的輪廓和內涵。

重塑社會建構的可能性

　　過去20年間，馬克思主義理論引起廣泛關注。這一現象並非偶然，而反映了一個重要事實——馬克思的思想在某些關鍵層面依然具有強大

的生命力和持續感染力。

　　馬克思並非一位空泛的思想家或煽動家，而是一位真正的先知。他洞見了當時資產階級文化陷入谷底、人們失去信仰的時代困境，並以極具說服力的方式，提出了一種重建社會意義、實現人類解放的偉大藍圖。雖然馬克思的具體理論在實踐過程中可能存在偏差或扭曲，但其根本精神卻有著超越時間和空間的普遍意義。

　　值得我們深思的是，為何馬克思主義在過去絕大多數推廣它的國家裡未能獲得理想的社會變革成果，而在長期未有強烈馬克思主義傳統的美國，卻出現了新一輪的「馬克思復興」。這或許反映了，單純的意識形態宣講並不足以推動真正的社會變革，重要的是要以開放、批判的態度重新審視和吸納馬克思思想中蘊含的深邃洞見，將之融入新的社會文化語境中，才能喚起人們對更美好社會的嚮往和建構。

　　我們所面臨的，不是簡單地復興昔日的馬克思主義，而是在保持理論的批判精神和解放指向的前提下，以全新的視角重塑社會建構的可能性。這需要我們超越教條式的理論崇拜，直接直視社會中累積的矛盾和民眾的實際需求，探索符合當下環境的實踐道路。只有這樣，馬克思主義在未來才能真正發揮其應有的社會改造力量。

馬克思的矛盾與遺產

　　馬克思在其著作中展現出了一種矛盾和複雜的性格。一方面，他對資本主義社會的批判堅定而激烈，絲毫不願意對其寬恕和包容。他堅持社會主義目標的必然實現，對任何反對者都視為大罪，誓要將其徹底擊敗。這種近乎宗教般的狂熱和不容置疑的確強化了他的影響力，使他的

從馬克思中歸來

追隨者熱情擁戴。

但另一方面,馬克思本人卻並非如此狹隘和粗俗。他深諳文化教養,能夠客觀認識資本主義在歷史上的重大貢獻,了解不同文明價值觀的相對性。在宣布資本主義死刑的同時,他也承認其在特定歷史階段的必要性。他的社會主義理想並非要全面抹煞其他文明成就,而是要使之更加豐富和和諧。這種對立的思考方式,使他的理論獲得了更廣泛的認同,其影響力亦由此而大。

可以說,正是馬克思矛盾的性格,使他的思想既獲得了忠實信徒的熱烈擁護,又引起了反對者的強烈批評。其實馬克思本人或許也無法完全調和這些看似矛盾的立場。但正是這種複雜性,使他的理論在今天仍能引起廣泛關注和討論。馬克思的遺產,不僅在於其對社會變革的呼籲,更在於其開放、包容的思考方式,這無疑為我們認識人類文明提供了寶貴啟示。

社會學家馬克思及其理論

馬克思是一位深受爭議的思想家,他的著作引發了各界人士的強烈反應。作為一位社會學家,他的理論體系並非一成不變,而是經歷了一個發展的過程。

我們必須冷靜地分析馬克思的思想,而不是簡單地接受或否定。馬克思的哲學觀和歷史觀確實存在著系統性,但我們不應將其簡化為教條主義。相反,我們應該客觀地評估他的論點,區分其中的科學性和局限性。

馬克思早期的思想受到德國哲學,特別是黑格爾的影響。他曾一度

社會學家馬克思及其理論

致力於哲學研究,並採取了新黑格爾派的立場。然而,隨著他對社會現實的深入分析,他逐漸擺脫了純粹的哲學思辨,而是將目光投向了更加實在的社會科學。在《資本論》中,他明確表示自己的分析都是以社會事實為根據,而非抽象的哲學推理。

我們不應將馬克思簡單地歸類為唯物主義者。他的歷史觀強調了經濟因素在社會變遷中的重要性,但並沒有否定其他非經濟因素的作用。相反,他試圖說明思想、倫理和政治等非經濟因素是如何受到經濟條件的影響和塑造的。他的觀點更傾向於社會科學的實證主義,而非狹隘的唯物主義。

作為一位社會學家,馬克思關注的重點是社會集團和階級,以及它們的存在地位和行為方式。他批評那些簡單接受表面現象的歷史學家,而試圖揭示造成這些表象的深層經濟條件。馬克思的理論在某種程度上為後來的知識社會學奠定了基礎。

整體而言,馬克思的社會學理論具有重要的歷史意義和啟發性,但我們需要客觀評估其中的合理性和局限性。我們不應簡單地接受或否定,而是應該理性地吸收其中的科學成果,並在此基礎上發展出更加全面的社會分析方法。

社會變遷的機制一直是學者們探討的重要課題。我們可以歸納出以下兩個關鍵論點:

1. 生產形式或條件是社會結構的基本決定因素。也就是說,我們的日常工作形態和所處的生產過程地位,會決定我們對事物的看法和可以參與的社會活動範圍。技術的進步,譬如從手工磨坊到蒸汽工廠的轉變,會引發整個社會結構的變革。這可以說是社會變遷的主要驅動力。

2. 但同時,社會結構一旦形成,也會具有相當的生存能力和持續

從馬克思中歸來

性。比如封建社會的社會階層和價值觀念，即使在生產方式發生劇烈變革，也不會立即消失，而是會延續數世紀之久。這說明社會變遷並非完全受生產形式的直接決定，而存在一定程度的相對自主性。

因此，我們可以看到，生產條件固然是社會變遷的主要推動力，但社會結構本身的慣性也會對變遷施加限制。某種程度的相互作用和調適過程，是社會變遷得以實現的必要前提。單純地將社會變遷歸因於生產方式的改變是不夠全面的，還需要考慮社會結構自身的韌性和慣性因素。這種對社會變遷動力及其局限性的認識，無疑對我們理解歷史發展有著重要啟示。

馬克思階級理論的局限與發展

馬克思對資本主義社會階級理論的闡述是其思想體系的重要組成部分。然而，我們發現馬克思並未對此作出系統而明確的論述。這可能是由於他過於側重於階級概念，未能充分討論階級形成的機制。

在馬克思看來，將社會劃分為兩大對立階級——資產階級和無產階級，是資本主義社會的基本特徵。前者擁有生產工具，後者被迫出賣勞動。這種對立關係必然導致不可調和的階級鬥爭。馬克思嘗試闡述資本家如何互相毀滅，最終導致資本主義的崩潰。

但馬克思對「原始累積」問題的論述卻顯得含糊不清。他批評了古典經濟學家關於儲蓄的觀點，卻未能提出明確的替代方案。他傾向於採用暴力與征服的理論，但未能解釋某些人如何獲得制服和掠奪的權力。

更重要的是，馬克思的階級理論似乎並不能完全適用於現實社會。事實上，許多資本家並非是透過簡單的剝削而致富，而是憑藉自身的智

馬克思階級理論的局限與發展

慧和勤奮。同時，社會階層的流動性也使得馬克思簡單的二元對立模式顯得過於僵化。

總之，儘管馬克思的階級理論在分析資本主義社會結構方面有其珍貴洞見，但其局限性也不容忽視。我們需要進一步豐富和發展這一理論，以更好地適應複雜多變的現實社會。只有這樣，馬克思的遺產才能真正發揮其應有的影響力。

馬克思的社會階級理論作為其整體理論體系的核心部分，在馬克思主義分析框架中扮演著重要角色。我們必須理解這一理論的本質意義，而非僅就其表面特徵進行評判。

一方面，馬克思將社會階級理論與其經濟史觀緊密連繫，認為階級劃分並非孤立的社會學概念，而是反映了生產條件和生產形式的運用方式。這些生產關係決定了社會結構，進而影響文化、政治等諸多領域。在資本主義時代，社會呈現為兩大對立階級——資產階級和無產階級，是資本主義生產制度的直接產物。

另一方面，馬克思刻意將階級劃分與資本主義的定義連繫起來，以私人控制生產方式作為資本主義的本質特徵。這使得社會主義在定義上成為唯一的無階級社會，其出現必然伴隨著資產階級和無產階級間的不可調和矛盾。

雖然馬克思的階級理論存在一些邏輯瑕疵，但我們應該看到其在馬克思主義體系中的重要功能。這一理論將經濟分析與社會分析系統結合，成為分析資本主義社會運作邏輯的核心工具。我們將在下一章對其進行更深入的評估，以期更容易理解其局限性和優點。

從馬克思中歸來

馬克思的學識與分析眼光

作為一位經濟理論家，馬克思堪稱是個博學多才的人才。人們常將他譽為天才和先知，這並非偶然。但這往往也令人感到奇怪，因為天才和先知通常並不精於專門學識，反而是因為缺乏專業訓練而有了創造力。然而，在馬克思的經濟學著作中，我們看不到任何因專業素養不足而造成的缺陷。相反，他是個誠實的讀書人和不倦的研究者，很少遺漏有意義的文獻，對每個事實和論點都會仔細思考和深入分析。這種對知識和學問的持續追求，使他能夠在一定程度上克服偏見，以更客觀的視角研究問題，即使他的最終目標是為了證實自己的觀點。

對於馬克思在經濟領域獲得的成就，他的朋友和敵人都有不同的看法。朋友對他的理論工作過於讚賞，似乎有些崇拜。而敵人則認為很難接受，即使在他的著作中也存在許多他們自己所認同的分析內容。這些分歧相當程度上源於馬克思在論述中的情感表達方式。他用大量熱情洋溢的語言描述冰冷的經濟事實，特別是對「剝削」和「貧困化」的強烈控訴，這使得許多人忽視了他的理論分析本身，而只注意到其情感訴求。

不過，這些都並不影響馬克思作為一位出色的經濟分析家的地位。他深厚的學識和敏銳的分析眼光，使他能夠建立起真正具有科學性質和意義的理論體系，這才是他最珍貴的學術成就。

馬克思的學習之路，從李嘉圖到自我突破

馬克思作為一位偉大的理論家，其經濟學思想無疑根源於其先師李嘉圖。從中我們可以看到，他並非是一個單純的學生，而是一個勇於質

馬克思的學習之路，從李嘉圖到自我突破

疑、勇於突破的思想者。

首先，馬克思深受李嘉圖的影響，他不僅在理論內容上承繼了李嘉圖的勞動價值論，更是學會了李嘉圖的推理方式和研究方法。在面對各種理論問題時，他總是以李嘉圖的思路作為出發點。但這並不意味著他只是機械地照搬李嘉圖的觀點。相反，他往往會對李嘉圖的理論提出深入的思考和批判。

其次，雖然馬克思的價值理論基本上繼承了李嘉圖，但他並非完全接受李嘉圖的學說。他發現李嘉圖的理論存在一些局限性，比如無法解釋壟斷和不完全競爭等現象。因此，馬克思在繼承李嘉圖的基礎上，進一步發展和完善了這一理論，賦予了更深層的社會學意義。他的論述更加詳細、冗長，有著濃厚的哲學氣息，展現了他的獨創性思維。

最後，我們可以看到，馬克思並未將李嘉圖的理論全盤接受。他意識到了勞動價值論存在的局限性，認為它不足以解釋實際經濟過程。因此，他積極尋求新的理論突破，最終提出了與之相比更具普遍性的邊際效用價值理論，這無疑象徵著其思想的進一步發展和成熟。

整體而言，馬克思的經濟學思想是在繼承和超越的過程中形成的。他充分吸收了李嘉圖的學說，但又不拘泥於此，勇於走出自己的道路，開創了馬克思主義經濟學的新篇章。這正是一位真正偉大思想家的特質所在。

馬克思對資本主義經濟有著獨特的見解。他不僅簡單地接受現有事實，而是以深入的方式研究其本質。在探討剩餘價值理論時，他顯示出對問題本質的更敏銳理解，並發展出更精密的概念框架，如不變資本和可變資本的區分，以及資本有機構成的概念。這些都是他對李嘉圖理論的重要改進。

025

馬克思的剩餘價值理論旨在證明，剝削並非偶發或意外，而是資本主義制度的必然產物。在他看來，勞動力是一種商品，其價值由維持勞動者生存所需的人工時數決定。而在現實中，資本家往往要求勞動者提供比其潛在勞動力價值更多的實際勞動時間，從而獲得剩餘價值。這就是剝削的實質所在。

然而，馬克思的理論並非毫無漏洞。有批評者指出，根據他自己的假設，剩餘價值理論在靜止經濟過程中是站不住腳的。因為勞動力作為商品，其價值無法真正與生產成本成比例。再者，如果資本家普遍獲得剝削收益，那麼完全競爭的均衡也是不可能的，因為他們會不斷擴大生產，最終壓低剝削收益。

然而，這種批評忽略了馬克思所關注的不是靜止均衡，而是不斷變化的經濟過程。即使在均衡狀態下，剩餘價值可能無法產生，但在現實中它們不斷被重新創造。這也說明了為什麼馬克思的經濟分析裝置沒有受到致命打擊。

整體而言，馬克思的剩餘價值理論雖然存在一些邏輯問題，但仍擁有重要的見解。它揭示了資本主義制度中的結構性剝削，並為理解經濟過程的動態變化提供了新的視角。對這一理論的重新詮釋，有助於更好地掌握馬克思經濟思想的內在邏輯和外在影響。

馬克思主義學說在剖析資本主義經濟運作的過程中，確實遇到了一些邏輯上的困難。即使剩餘價值理論無法完全解決勞動價值理論與實際經濟現實之間的差異，但它卻指出了資產階級必須進行資本累積的動力所在。

透過競爭，每個資本家都被迫擴大生產並增加投資，以獲得更多利潤。這一過程使得剩餘價值的分配趨於平均化，最終卻會導致利潤率的

資本論中的價值與剩餘價值理論

下降。這正是馬克思所強調的資本主義內在矛盾的展現。

但是，資本主義經濟並非僵固不變。它是由不斷推陳出新的企業來推動的。新的商品、生產方式或商業機會不斷衝擊現有的產業結構，使之處於永久變革之中。這一過程為企業家創造了獲利的機會，驅使他們不斷進行投資和創新。

因此，資本累積並非出於資本家的主觀意願，而是競爭機制的客觀結果。縱使馬克思沒有充分分析這一過程的性質和機制，但他卻準確洞察到了它對資本主義發展的關鍵意義。正是這種動態的觀點，使他的分析超越了單純的剝削論，蘊含了對資本主義發展深層次矛盾的洞見。

資本論中的價值與剩餘價值理論

馬克思的剩餘價值理論確實存在一些缺陷，但它仍是理解資本主義累積過程的重要理論基礎。儘管它未能令人完全滿意地證明利潤率下降的必然性，但它卻精準地描述了資本主義生產過程的基本邏輯。

首先，我們必須承認馬克思在分析資本主義社會的本質方面的成就。他敏銳地觀察到，在資本主義生產中，勞動力本身成為了一種商品，勞動者被迫出賣自己的勞動力以換取維持生存的薪資。資本家則利用這種商品化的勞動力，從中榨取剩餘價值，這成為資本累積的基礎。這一分析為理解資本主義的本質提供了深刻的洞見。

其次，即使馬克思未能充分證明利潤率必然下降的命題，但他指出了資本主義發展中不可忽視的重要趨勢——資本的集中。他洞悉到，在競爭的推動下，資本不斷擴大規模、提高生產效率，這必然導致較小資本被淘汰。這一趨勢雖然未必如馬克思所描述的那樣直接導致壟斷，但

從馬克思中歸來

卻是不可忽視的現實。

最後，馬克思將資本的集中與階級鬥爭相連繫，賦予了這一趨勢以深刻的政治意義。雖然他的論證存在一些缺陷，但他的這一洞見卻為後來的理論家和實踐者提供了寶貴的思路。資本主義發展中的階級矛盾是客觀存在的，理解和正視這一矛盾是認識和改造資本主義社會的關鍵。

總之，儘管馬克思的理論未必百分之百正確無誤，但它為我們理解資本主義的本質與動態提供了卓越的分析框架。它雖有缺陷，但卻擁有龐大的學術遺產和實踐價值，值得我們深入探討與發展。

在馬克思的經濟理論中，有兩項重要的觀點值得進一步探討：貧困化理論和經濟週期理論。在前者，馬克思認為資本主義的發展必然導致實際薪資下降和生活水準下降，這是資本主義內在的邏輯。然而，這一預言顯然不符合實際情況，許多馬克思主義者試圖解釋這一矛盾，但仍難以令人信服。

在經濟週期理論方面，馬克思和恩格斯的見解則相對更為透澈。他們指出，資本主義經濟存在週期性波動，即經濟繁榮期和蕭條期交替出現。這一觀點得到了更多的實證支持。資本主義雖然能夠持續發展，但其發展過程中存在著內在的矛盾和週期性波動，表現為生產過剩、失業率上升等問題。

我們必須正視資本主義發展過程中的不利後果，但同時也要了解到，資本主義仍然是人類社會發展的主導模式，其內在動力和創新活力也是不可忽視的。如何在保持資本主義活力的同時，化解其弊端，使其走向可持續發展，仍然是當前急需解決的重大議題。對此，我們需要更加全面和深入的理解和研究。

資本主義制度的國際性質與日俱增，資本大亨的人數也在不斷減

資本主義危機中的馬克思理論

少。然而，被剝削的勞工階級憤怒的反抗也日益增長。資本主義生產方式的外殼，已經承載不了內部日益集中的生產資料和社會化的勞動，必將被撕開。資本主義私有制的終結正在降臨。

評價馬克思在經濟週期理論領域的貢獻並不容易。他的觀察結果和評論，大多散見於他的著作和信函之中，很少有人能夠真正加以整合和全面呈現。即使是馬克思的崇拜者，也容易因自身的解釋傾向而失去客觀公正。

普通的朋友和敵人過去從不、現在也不理解評論者面對任務的性質。他們看到馬克思在這個領域頻繁發表意見，並且與其基本理論密切相關，自然會認為必定有某種簡單明確的馬克思主義週期理論。於是他們開始尋找這樣的理論，並試圖將之歸結為消費不足或生產過剩的解釋。

但事實上，馬克思在此領域的貢獻是多方面的。一方面，他讚美資本主義發展社會生產力的強大力量；另一方面，又不斷強調剝削階層日益增加的苦難。因此，要全面理解他的思想，並非易事。

馬克思的經濟週期理論集中了其卓越的判斷力。我們應當以開放包容的心態，努力挖掘其中的豐富內涵，以理解社會變革的脈動。資本主義的危機與崩潰，勞工階級的反抗與覺醒，都是影響社會程序的關鍵因素。唯有深入研究馬克思的洞見，我們才能更好地洞悉歷史發展的趨向。

資本主義危機中的馬克思理論

在對馬克思的經濟週期理論進行審視時，我們發現了一些巧妙之處。儘管馬克思沒有提出一個完整的經濟週期理論，但他對這個現象卻

從馬克思中歸來

有著獨特的理解和洞見。

首先,馬克思了解到了週期性的蕭條和繁榮並非偶發事件,而是資本主義發展的內在規律使然。他深刻地洞悉了資本主義累積過程中的諸多機制,如剩餘價值的產生、機械化的相對增加以及過剩人口的形成等,這些都可能導致週期性的波動。但他未能從這些機制中邏輯地推匯出週期性的必然性。

其次,馬克思並非完全無法解釋週期性的原因。他指出了各種偶然因素,如計算錯誤、預期錯誤、投機行為等,都可能導致週期波動的產生。甚至他還嘗試將人口成長列為一個可能因素。雖然這些解釋都略顯膚淺,但卻也說明了馬克思對週期問題的高度關注。

更重要的是,馬克思清晰地意識到了週期現象的重要性。他不僅準確地描述了週期活動的存在,而且更進一步看到了週期波動中的危機特徵。他認為,這些週期性的危機並非孤立事件,而是資本主義制度內在矛盾的徵兆,預示著制度的最終崩潰。

可以說,儘管馬克思並未提出一個完整的週期理論,但他已經站在了現代週期研究的前端。他深刻掌握了週期活動的本質,為後人的理論建構奠定了基礎。即使在一些具體推論上有不足,但他的整體洞見和遠見仍值得高度肯定。我相信,只要放眼當代資本主義的發展軌跡,我們就不難發現馬克思的理論在相當程度上依然具有說服力。

馬克思雖然在個別問題上難免犯有錯誤,但他的偉大成就在於,透過他對經濟過程的分析,他提出了一種嶄新的理論觀念。這不僅是一般性經濟數量的邏輯,而是深入探討那些經濟模式或過程的實際序列,洞察其在歷史程序中的內在動力。

雖然馬克思的論證有許多缺陷,但正是由於他追求的偉大目標,我

資本主義危機中的馬克思理論

們必須以不同的標準來評判這些缺點。馬克思不僅提出了一種創新的經濟理論，更是第一個系統性地將經濟理論融入歷史分析和敘述的一流經濟學家。他成功地展示了經濟理論如何能進入歷史理論，這對於經濟學方法論有著深遠的影響。

即使在馬克思理論的某些部分存在問題，但他建立的目標和方法，仍然是未來經濟理論的先驅。他對商品價值、勞動力與勞動的區分等問題的探討，雖然有待進一步完善，但卻為後世的經濟學家開闢了新的思路。正是在這種失敗中，馬克思奠定了一種嶄新的經濟理論視野，成為了未來經濟理論的基石。

馬克思將剩餘價值率定義為剩餘價值與可變資本（薪資）之間的比率，這反映了資本主義經濟中的根本剝削關係。接下來的探討將帶領我們重新認識馬克思試圖恢復這個基本支柱的論點。有一個因素是馬克思難能可貴地發現並反思的，那就是生產方式即使在完全靜止的狀態下，也會自動產生淨收益。這一點與當時絕大多數經濟學家的觀點大相逕庭。馬克思或許是以迂迴的方式，承認了這個事實。關於這個問題，馬克思的觀點被收錄在他遺稿中，由其朋友恩格斯整理成《資本論》第三卷，因此我們無法確知馬克思本人最終的想法，這也導致了大多數批評家草率地認為第三卷與第一卷存在矛盾，但事實並非如此。如果我們以馬克思的角度來看待這個問題，把剩餘價值視為社會生產過程所產生的一個整體，並將它的分配視為一個問題，這樣的看法並不荒謬。在此基礎上，第三卷中推匯出的商品相對價格理論，也是建立在第一卷的勞動價值理論之上的。但馬克思有時也會使用一些過於誇張的修辭手法，這可能源於他試圖掩飾某些理論上的弱點。就儲蓄和累積的關係而言，馬克思的觀點比許多當代人的批評更接近事實。一般來說，收入較小的階層其儲蓄往往較少，但如果收入能保持穩定，則即使收入較大也可能有

從馬克思中歸來

較多的儲蓄。馬克思在某種程度上承認了這一點,但他仍認為,如果薪資上升影響了資本的累積,將降低累積率。這可能是馬克思受到當時資產階級經濟學的局限性而無法完全超越的地方。

新技術發展的兩難

在社會主義經濟理論中,新技術進步對資本家有著雙重影響。一方面,新技術可以增加生產效率,提高利潤率;另一方面,新技術也會導致部分工人失業,減少用工需求,降低薪資。這就形成了一個難以決斷的兩難局面。

馬克思認為,資本家在追求利潤最大化的過程中,必然會不斷引入勞動節約的新機器設備,以降低單位產品的成本。但這也意味著一部分工人會被淘汰,陷入失業。雖然失業工人最終會被新的生產部門吸收,但這個吸收過程是緩慢和痛苦的。此外,新技術的引入還可能導致剩餘價值率下降,抑制資本家的投資積極性。

馬克思的批評者認為,他過於悲觀地看待了新技術的影響。尤其是現代經濟理論家,往往認為新技術進步最終會提高整體生產效率,增加社會福利。但馬克思則堅持認為,在資本主義體制下,新技術的引入只能造成暫時性失業和較長時期的經濟危機。

整體而言,這個問題充滿了複雜性和矛盾性。新技術既有利弊,既是資本家的利器,又是工人的威脅。馬克思企圖做出全面系統的分析,但也難免有偏激之處。我們需要更加客觀和平衡的態度,審慎評估技術進步的利弊,並尋求兼顧社會公平和效率的道路。

馬克思主義作為一個宏大理論體系,確實在整合社會學與經濟學、

新技術發展的兩難

闡述資本主義的矛盾與階級鬥爭方面,具有無可置疑的貢獻。它賦予原本抽象的經濟概念以鮮活的社會內涵,讓原本隔離的理論得以相互滲透,從而創造出更為豐富的分析視野。這種意圖將經濟與社會融為一體的努力,無疑給予了馬克思主義持久的影響力。

然而,這種全面綜合的特質,也可能造成一些弊端。將原本不同層面的概念強行劃上等號,可能會導致對事物的過度簡化和歪曲。比如將「勞動」與「無產階級」等同視之,可能會掩蓋現實中職業與階層的複雜性。同樣地,社會學的論述如果過於依附於馬克思主義的經濟框架,也可能會喪失應有的獨立性和批判精神。

因此,馬克思主義的偉大之處在於它企圖全面掌握社會發展的動力與脈絡,但其局限性也在於可能過度簡化現實,片面強調經濟基礎對社會上層建築的決定作用。對馬克思主義的批判與吸收,需要在保留其豐富洞見的同時,維護各學科的相對獨立性和批判性,避免淪為僵化的教條主義。這或許才是馬克思主義未來發展的關鍵所在。

綜合不同路線、整合各類方法和結果,一直是知識界的一大難題。我們通常只能從個別學者那裡聽到斷斷續續的呼聲,渴望看見更廣闊的視野,但卻難以真正實現。而馬克思主義提供的正是這種令人迷醉的綜合視角。

馬克思主義將政治、經濟、社會等諸多領域融為一體,企圖用單一的經濟分析和社會學分析解釋一切歷史事件和社會制度。這種全面性的魅力,自然吸引了許多年輕人和知識分子。他們渴望找到解決一切問題的鑰匙,渴望用這種方式拯救世界。在馬克思主義的框架中,政治不再是獨立因素,而是服從於經濟過程;所有歷史事件和社會制度都成為經濟分析的變數。這種全面性和決定性的解釋方式,確實給予了他們迫切

從馬克思中歸來

需要的答案和方向。

然而,這種綜合的魅力也存在著局限性。馬克思主義雖然企圖將所有事物納入單一目標的分析,但其分析體系並不夠完備。它往往只是用強制的方式將政治事實和經濟定理結合在一起,而這兩者並未真正融合,反而失去了自身的生命力。馬克思主義雖然宣稱解決了非馬克思主義經濟學無法解決的問題,但其實只是用「閹割」的方式做到的。

綜合是一件極其困難的事,需要對各種路線、方法和結果有深入的理解和把握。單一的理論框架很難涵蓋所有的複雜性和多樣性。因此,我們需要保持開放和批判的態度,審慎地平衡不同視角,才能真正建立起完整和富有生命力的綜合視野。只有這樣,我們才能在應對複雜現實時,不致迷失在知識的林海之中。

工具主義的陷阱

我們不應過於簡單地把馬克思主義看作是一部解決問題的機器。正如經濟學家所指出的,即使在一些領域,馬克思的分析確實有所貢獻,也補充了分析的缺口,但馬克思主義綜合體往往會使人陷入簡單化和教條化的失誤。

首先是對於「貧困日益增長」的預言。這個預言的失敗必然抵消了馬克思主義在某些方面的成就。這個預言是建立在錯誤的見解和不正確的分析之上的,反映了大量馬克思主義關於社會未來發展的推測。如今,即使是很多馬克思主義者也已感到它的缺陷。

其次是關於帝國主義理論的問題。新馬克思主義學派對此進行了深入探討,確實為檢驗馬克思體系做出了貢獻。但他們過於強調利潤下降促使

工具主義的陷阱

資本輸出和殖民擴張的論點，忽視了現代保護主義的產生以及資本主義國家間的矛盾和戰爭。這種簡單化的分析難以解釋複雜的歷史現象。

整體而言，我們不應盲目地崇拜馬克思主義綜合體，而是要客觀地認識它的優缺點。當前的種種經濟社會問題往往超出了它的分析範圍，需要我們以更開放的態度去理解和解決。對馬克思主義的理解也需要與時俱進，避免陷入教條主義的陷阱。

馬克思主義所建構的理論框架，能夠清晰地解析資本主義社會中種種歷史事件與當代問題。它洞見資本主義發展的必然邏輯，預見殖民地與宗主國之間的矛盾必將加劇，最終走向衝突。

首先，隨著最低度開發國家的發展，宗主國從殖民地輸出資本的階段將逐漸減少。取而代之的是，雙方的貿易將轉向以製造品換取原料的模式。但這種模式並非持久，最終殖民地也將能夠發展自己的製造業，並在老資本主義國家內爭取自身利益。這將引發新一輪的摩擦和衝突，殖民地的大門最終將對宗主國資本關閉。

這背後的根源在於資本主義自身的矛盾：缺乏出路、過剩的生產力、完全的停滯，最終可能爆發世界大戰。一方面，資本家們尋求海外市場以維持利潤；另一方面，殖民地人民卻日益堅持自己的利益，兩者之間的矛盾不可調和。甚至連保護主義，也是資本主義發展的必然結果。

藉助階級分析和資本累積理論，這一切都可以得到明確解釋。資本主義國家的殖民野心和軍事行動，正是為了維護資本家階級的利益。獵取奴隸、屠殺原住民，乃至發動戰爭，無不源於此。從過去到現在，這一脈相承的現象歷歷在目。

因此，這一理論不僅與歷史事實緊密結合，而且能夠洞見資本主義發展的必然走向。它為我們揭示了資本主義的內在矛盾，以及殖民地必

將面臨的命運。這無疑為我們認識和改變現實提供了堅實的理論基礎。

馬克思主義者過於簡單地將帝國主義歸因於資本輸出、殖民化和保護主義，並將之解釋為壟斷資本集團之間的爭鬥，以及資本家階級與無產階級之間的階級鬥爭。這種解釋過於片面和簡單化，忽視了許多複雜的現實因素。

首先，殖民地擴張並非單純源自資本輸出和利潤率下降的壓力，而更多源自早期資本主義發展階段的一種熱情和勇氣。而且，殖民擴張過程中往往出現階級合作，而非單純的階級鬥爭。其次，大企業對外交政策的影響往往被馬克思主義者高估了，實際上它們更多只是隨波逐流，而非主動推動的力量。最後，馬克思主義對保護主義的解釋過於簡單化，忽視了民族情緒等非經濟因素的作用。

我們必須放棄簡單化的爭鬥模式，更多地關注複雜的現實因素，包括文化、政治等多方面的影響。只有這樣，才能真正理解帝國主義的深層次原因和歷史演變。

重審馬克思的科學社會主義預言

馬克思主義是20世紀最具影響力的思想潮流之一，其中尤以「科學社會主義」備受關注。馬克思相信，資本主義的內在矛盾必將導致其自我毀滅，而社會主義將由此自然而然地取而代之。然而，隨著時間的推移，這一預言仍未能完全實現，反而在諸多方面與事實並不相符。讓我們深入探討這個問題的根源，以更客觀的角度重新審視馬克思的理論。

首先，資本主義的自我毀滅並非如馬克思所預言的那般不可避免。正如經濟學家希法亭所指出的，資本主義經濟並不會由於純粹的經濟規

律而必然崩潰。相反，在過去的幾個世紀中，資本主義經濟體系表現出了強大的生命力和持續發展的能力。雖然馬克思預見了一些重要的社會經濟趨勢，但他對未來的某些判斷顯然存在失誤。

其次，即使資本主義秩序最終崩潰，也並不意味著社會主義一定會取而代之。正如所述，社會主義的實現需要特殊的行動，而非自然而然地出現。因此，馬克思似乎過於樂觀地相信社會主義可以必然勝利。事實上，在現實中，社會主義的實踐既有成功也有失敗，其前景仍存在諸多不確定性。

最後，即使承認馬克思對資本主義發展趨勢的基本判斷是正確的，他對社會主義的描述也並非完整準確。正如史莫勒所言，馬克思並未詳細描述社會主義社會的樣貌，而只是提出了一些大致的設想。這使得馬克思主義難以形成一個明確的、可以付諸實施的理論體系。

總之，馬克思的科學社會主義預言，無論在崩潰論、必然性論，還是社會主義描述等方面，都存在一定的局限性和問題。我們需要摒棄教條式的信仰，以更開放、批判的態度去審視這一理論，從而得出更加客觀、全面的結論。只有這樣，我們才能真正了解馬克思主義的價值所在，並為未來社會的發展提供更有參考價值的理論指導。

我們不應過於簡單地認為向殖民地出口奢侈品就是為了獲取奴隸勞動力或當地工人的廉價勞動力。事實上，這種商品交易往往會大大促進資本的輸出，但並不能完全解釋這種輸出的根源。我們需要從更廣泛的角度來看待國際貿易和金融關係。

有些人過於輕率地將殖民擴張歸咎於資本主義利益的推動，這是一種粗淺的觀點。事實上，政府的壓力和先入為主的信念往往是促使殖民擴張的更直接因素。我們不應墨守成規，而是要以更開放和理性的態度

來審視歷史事實。

簡單地強調每個國家都在剝削殖民地也是不夠的。這只是從整體角度看待國家之間的剝削，而不是從馬克思主義所關注的特殊剝削關係的角度出發。我們需要更細膩地分析資本主義剝削的具體機制。

有些評論者對資本主義及其影響的分析並非局限於經濟學層面，而是涉及政治和社會等更廣泛的領域。我們不應簡單地否定這些觀點，而是應該客觀地評判它們的價值。

有一些流行的陰謀論將國際政治歸咎於某些祕密集團的操縱，這種迷信並非只存在於馬克思主義者，而是一種普遍的心理傾向。我們需要以更理性和務實的態度來看待國際事務，而不是輕易地接受這種簡單化的解釋。

整體而言，我們需要以開放和多角度的方式來審視資本主義的發展及其影響，避免陷入老生常談和先入為主的觀點。只有這樣，我們才能更容易理解資本主義的本質，並為其未來的走向提供更有建設性的判斷。

資本主義的存續性

資本主義的存續性

在探討資本主義的存續性時，我們必須摒棄僅依靠結論而非事實與論據的預測方式。社會生活過程是眾多變數的函數，許多變數難以量化，以至於即使我們試圖對某個狀態作出診斷，結果也可能令人生疑。但我們仍應了解到，在主導地位的特徵清楚地支持某個推論時，即使必須加上各種限制條件，這個推論也具有相當的說服力，不應因無法像證明幾何公理那樣嚴格證明而被忽視。

在討論正題之前，我想強調一點，那就是我將努力建立的論點，是資本主義制度的實際和預期成就足以否定它將在經濟失敗的重壓下崩潰的觀點。然而，正是它的成功卻破壞了維護自身的社會制度，「不可避免地」創造出了資本主義不能生存下去、社會主義取而代之的條件。因此，雖然我的許多論點不同於許多社會主義者，但我的最終結論卻與他們並無二致。

讓我們來看看總產量的成長情況。從內戰後到 1930 年，美國的平均年成長率為 3.7%，其中製造業為 4.3%。即使我們對此做一些調整，考慮到工業耐用品相對重要性的增加，「可得產量」的年成長率仍可達 2%。現在，假設資本主義機器在未來 50 年能保持這個成長速度，這似乎是一個合理的假設，儘管可能會有各種反對意見，但這些反對並非源自 1929 年至 1939 年的短期經濟不景氣。因為這種嚴重的蕭條在資本主義歷史上曾多次出現，且後果都已計入了 2% 的年成長率之中。反而是 1935 年和 1937 年前的復甦乏力以及隨後的不景氣，更多地源於適應新的財政政策、勞工立法以及政府對私營企業態度的改變等因素，而不是生產機制本身的問題。

總之，儘管存在種種困難，但資本主義的成就足以推翻其必然崩潰的論調。它的成功反而破壞了維護自身的社會制度，為社會主義的崛起創造了客觀條件。不過，對於是否熱愛社會主義，或堅信資本主義秩序隨時間會更加牢固，這都是另一回事了。

資本主義的歷史性和改革潛力

我了解人們對資本主義制度存在的誤解與不滿。但我想強調，對新政針對的各政策並非全然不當，相反有其合理性。然而，這些政策的實施確實會在一定時期內影響到整個社會的生產成就。我們需要客觀地了解到，即使在最佳復甦機會的美國，復甦過程也是最令人不滿的國家之一。這與法國的情況也十分類似，均支持了這一推論。

從 1929 年到 1939 年這十年間的事態程序本身，並不足以拒絕上述論述。相反，這個論證有助於說明資本主義過去的成就意義。如果自 1928 年起資本主義制度下的產量能夠按 2% 的長期平均成長率持續發展，到 1978 年總產量將近乎翻倍。這意味著國民平均收入也將增加一倍以上，將由 1928 年的 650 美元提高至 1,300 美元。

當然，收入分配的問題也值得關注。但統計資料顯示，即使在長期發展中，薪資和薪資的相對比例實質上並未發生太大變動。這意味著，只要資本主義機器能夠自行運轉，到 1978 年收入分配的情況很可能與 1928 年差異不大。這說明如果資本主義制度能夠延續其過去的表現，甚至最底層的人民也將擺脫貧困，只有因疾病而貧困者例外。

當然，上述指數也未能完全展現生產率和商品品質的提高，以及新興商品的出現。如果能充分考慮這些因素，資本主義的實際進步幅度更大。這不僅展現在物質生活水準的提升，也應包括提高人生的尊嚴、充實和快樂等無法用數字量化的層面。

總之，從長期歷史發展看，資本主義制度蘊含著改革的潛力和生命力。它不僅促進了經濟的持續成長，也為普通民眾的生活帶來了重大改善。當然，對其存在的問題也應保持警惕和批判精神。只有認清資本主

資本主義的存續性

義的歷史性和局限性，才能更好地推動其改革和完善，使其更好地服務於大眾的利益。

這些成果每次都表現為永久地加深與拓寬實際收入流的消費品的劇增，雖然一開始，這些成果招來騷動、虧損和失業。但仔細觀察，我們會發現每次這些消費品的劇增，都是因為廣大群眾的消費需求增加，並帶動薪資水準的上漲，使得民眾的購買力不斷提高。換言之，資本主義的發展過程本質上就是不斷提高群眾的生活水準，這並非偶然，而是其內在機制的自然結果。

這個過程的嚴重程度與進步速度成正比。它之所以能如此有效，是因為資本主義生產方法能夠不斷解決供應商品給群眾的各種問題，包括目前尚未完全解決的住房問題。評判一種經濟秩序，不能只看它直接傳遞給社會各階層的產品，還要考慮它所創造的文化成就和精神狀態。

我們不能忽視資本主義成就背後的代價，過去的童工、長工時和擁擠居住等悲慘現象確實存在。但若資本主義持續發展，未來半個世紀內，應當能夠在不過度緊張的情況下，滿足人民的各種急需，如完全消除失業帶來的悲慘後果。

當然，實現這一目標並非一帆風順。反資本主義政策有時會造成失業激增，輿論也常倡導一些經濟上不合理的救濟措施。但只要資本主義進一步發展，它就能為老人、病人、教育、衛生等提供更好的保障，甚至使越來越多商品脫離經濟範疇，人人可以達到充分的滿足。國有化或市有化等方式，也將成為未來資本主義發展的特色之一。整體而言，資本主義的發展之路雖然曲折，但最終必將推動人類文明的進步。

在過去的60年裡，資本主義經濟的總產量平均成長率顯示了其驚人的生產潛力。然而，我們不應過度外推這一歷史事實，而是必須深入

探討資本主義制度本身是如何推動和維持這種持續的成長。

首先，資本主義體系是建構在一種純經濟運作模式之上的。在這個制度中，個人的地位和待遇完全取決於其在經濟活動中的表現。獎勵和懲罰都以金錢為標準，經營成功與否直接反映在利潤和虧損上。這種簡單有力的動機機制，成功地吸引了大量優秀的人才投身於經濟事業，並使他們奮力追求個人的財富與地位。

更重要的是，這個制度雖然可能會犧牲或淘汰一些有才能但不太成功的人，但卻能更有效地激勵大多數參與者不懈努力。資本主義提供了一個開放的舞臺，只要付出足夠的努力和才能，即使起初失敗也有重新成功的機會。這種超高的獎賞前景，遠遠超出了單一個人所需的激勵，從而能夠持續地推動整個經濟體系向前發展。

同時，資本主義制度快速淘汰落後的生產要素，這種殘酷的自然淘汰機制，也不可忽視地促進了整體生產效率的提升。雖然過程中可能造成一些短期痛苦，但從長遠來看，這種動態的競爭機制，正是資本主義產生持續高成長的重要根源。

總之，儘管資本主義體系有其固有的缺陷和弊端，但其本質上所激發的強大生產力追求動力，以及高效的淘汰機制，確實是造就其過去輝煌成就的重要基礎。未來能否延續這一成長態勢，仍有待進一步探討。

資本主義制度下的「理想化」現象

資本主義制度的運作一直是社會關注的重點。一方面，它展現了個人透過努力能夠上升到資產階級的可能性，這似乎符合社會公平的期望。但另一方面，資本主義制度也暴露出一些問題，比如利潤最大化並

資本主義的存續性

不等同於社會福利最大化。

從歷史上來看，古典經濟學家認為在資本主義制度中，企業追求利潤動機最終會帶來最大產量，從而使社會福利最大化。但實際上，即使在完全競爭的情況下，企業仍然只會將生產擴大到其邊際成本等於邊際收益的程度，而不是達到社會理想的產量。這證明了古典經濟學家的論證存在缺陷。

我們必須承認，雖然經濟學家對這一問題做出了深入分析和探討，但其結果往往反映了他們自身的社會地位、利益和偏好。隨著經濟分析方法的不斷改進，經濟學也逐漸遠離了受過教育的一般人能全面理解的階段。

整體而言，資本主義制度中存在一定的「理想化」傾向，將企業追求利潤最大化等同於社會福利最大化。而事實上，二者之間存在一定程度的脫節。深入分析這一現象，有助於我們更好地認識資本主義制度的本質，並探索如何實現社會公平和效率的平衡。

古典經濟學家一向堅信完全競爭是常態，但馬歇爾和維克塞爾的分析卻發現，完全競爭的條件並非如此普遍存在。事實上，除了大規模農業生產外，很難找到真正符合完全競爭條件的案例。

對大多數工商企業而言，他們都擁有自己獨特的小型市場，必須透過價格策略、產品差異化和廣告等方法來維持市場地位。這種情況下，產生的是壟斷性競爭，而非完全競爭所預設的結果。同樣，對於工業原料和半成品等產品，由於大型企業的主導地位，往往呈現寡頭壟斷的格局，其結果同樣與完全競爭模型存在偏離。

一旦承認壟斷競爭和寡頭壟斷的實際優勢，馬歇爾－維克塞爾時代的許多經濟學命題就不再適用。首先，這些命題建立在均衡概念的基礎

資本主義制度下的「理想化」現象

之上,但在壟斷格局中,往往難以找到確定的均衡狀態,反而存在企業間無休止的競爭與較勁。其次,即使存在均衡,要實現和維持也比完全競爭下更加困難,而且可能出現「掠奪性」競爭或「殘酷」競爭,導致社會浪費加劇。

最重要的是,在這種條件下,即使能夠達成某種均衡狀態,也不一定能保證充分就業或最大產出水準。因為企業可以透過維持利潤的策略來壓低產量,這在完全競爭下是不可能的。

因此,當我們面對真實的經濟世界時,馬歇爾-維克塞爾時期的理論模型顯然存在不足。需要我們深入反思競爭、壟斷等概念在實際運作中的複雜性,以及如何在此基礎上建構更加適切的經濟分析框架。

現代分析者往往認為私人企業的唯一目標就是追求利潤,而不重視其他社會效益。然而我們必須更深入地探討資本主義的真諦,並從歷史的角度來分析其發展趨勢。

古典經濟學家確實曾指出私營企業的利潤動機和公眾利益之間的矛盾。但我們不能忽視資本主義在生產成就和生活水準提高等方面的明顯優勢。事實上,即使在壟斷興起的今天,產量成長的速度也未曾減緩,而大企業在推動進步方面的貢獻更是不可忽視。

我們不應輕易將一些零碎的觀察化約為對整個資本主義體系的評判。相反,我們需要更加深入和全面的分析,才能揭示資本主義發展的複雜性和內在矛盾。創造性毀滅的過程意味著,資本主義雖然伴隨著破壞,但也孕育了新的機遇和進步。我們要看到它的積極面,而不是一味地抨擊它的弊端。

歷史事實告訴我們,即使在競爭受到抑制的今天,大企業仍然是推動進步的關鍵力量。我們不應該片面地否定大企業的作用,而是要在更

資本主義的存續性

廣闊的視野中，認清資本主義發展的內在邏輯和複雜性。只有這樣，我們才能更好地掌握它的本質，為未來的發展指明方向。

創造性破壞，資本主義發展的本質

資本主義並非一成不變的經濟模式，而是一個不斷演化和革新的動態過程。如同馬克思所強調的，資本主義本質上是一種經濟變動的形式或方法，它永遠不會停滯不前，而是不斷創造新的事物，破壞舊有的結構。

這種創造性破壞的過程，正是資本主義存在的事實和每一家資本主義公司賴以生存的基礎。我們必須從長遠的角度來看待資本主義，而不是僅僅關注某個特定時刻的現象。因為一個制度能在某個特定時刻充分利用自身的可能性，但從長期來看，可能還不如另一個看似效率較低的制度。

資本主義的進化性質，並非單純由於人口、資本或貨幣制度的變化，更多來自於資本主義企業不斷創造新的消費品、生產方法、市場和組織形式。從農業到工業，再到電力和運輸的發展歷程，無不見證著資本主義持續創新的軌跡。新市場的開拓、企業組織的革命性變革，都印證了資本主義不斷從內部革新自身，破壞舊有的經濟結構，創造全新的結構。

我們必須在這個不停的創造性破壞的風暴中，看待每一個企業的經營策略和行業的變遷。單一時刻的表現並不能代表整個過程，我們應該從長期的視角去掌握資本主義發展的實質特徵。只有這樣，我們才能真正理解資本主義這個有機的、不斷變遷的經濟系統。

經濟學家常以某一時刻的行業現狀來分析企業行為，卻忽略了過去

歷史的影響和未來可能的變化。實際上，資本主義的本質不在於現有結構的管理，而在於創造和破壞這些結構的動態過程。

在資本主義實踐中，真正的競爭不是單純的價格競爭，而是新商品、新技術、新供應來源、新組織形式的競爭。這種競爭不是瞄準現有企業的利潤和產量，而是攻擊企業的基礎和生命。它的效率遠高於一般的價格競爭，就像炮轟與徒手攻擊的比較。即使這種競爭暫時遲緩，從長遠來看，其擴大產量和降低成本的力量仍然不可忽視。

表面上看，有些行業存在一種半均衡的局面，企業避免價格競爭而以服務和「氣氛」競爭。但這種情況往往是短暫的，因為新的競爭力量，如百貨店、連鎖店、郵購商店和超級市場，最終會破壞這種均衡，迫使這些小型零售商退出市場。

因此，經濟學家不應僅關注當下的行業格局和企業行為，而要理解資本主義的動態競爭過程。只有這樣，我們對資本主義實踐及其社會效果的看法，才能真正有所改變。

新技術下的價格策略

在快速變遷的市場環境中，企業面臨著來自新技術、新商品的衝擊，傳統的限制產量以維持既有利潤的做法，已經逐漸失去長期意義。本章將探討企業如何在創新破壞的洪流中，採取適當的價格策略，維護既有投資，並滿足顧客需求。

首先我們要了解到，在緩慢平衡成長的環境下，限制產量來提高利潤的做法固然可行，但在快速變遷的創新過程中，這種策略反而有助於穩定企業，度過暫時性困難。這種做法雖然曾經受到政府和顧問的歡

迎，但大多數經濟學家卻對此持批評態度，認為這只是權宜之計。

實際上，任何企業在進行長期投資時，都需要某種保護措施，以應對不確定的市場變化。申請專利、保密生產方法、簽訂長期合約等，都是常見的保護手法。雖然大多數經濟學家都承認這些做法是合理的經營策略，但這只是更大保護體系中的特殊情況。企業在缺乏這些保護措施時，可能不得不採取其他方法，如價格策略，來快速攤銷投資，或者增加生產能力用於防禦目的。

整體而言，在創新風浪中，企業需要靈活運用各種價格策略，既要保護既有投資，又要滿足不斷變化的顧客需求。這需要企業同時考慮技術進步、市場變化等多方面因素，做出適當的經營決策。

創新時代下的產業變革

在當代資本主義社會中，新事物和新方法對既有產業結構的影響是不可忽視的。經濟學家或政府代表在分析某一時間點的業務策略時，常常只關注表面上的價格政策和產量限制，而忽視了其背後更深層的動因和影響。

事實上，在長期的「創造性毀滅」過程中，這些表面的限制性措施往往是企業為應對市場變革而採取的必要方法。新興企業透過創新商品或生產方式的「侵略」，往往能夠提高總產量的數量和品質。但為了防禦和進攻，這些企業不得不運用各種策略性的價格、品質操縱手法，使人們感覺他們只是在限制產量、維持高價。

另一方面，即使對原先處於有利地位的企業來說，透過方法如獲得運輸折扣等特殊利益，也可能帶來長期產量的提升。這些看似限制性的

策略,實際上都是企業在激烈競爭中維持自身發展,並最終促進整個行業進步的方法。

當然,並非所有的限制性策略都能帶來積極影響。有些卡特爾式的壟斷行為無疑會阻礙進步。但我們不應一概而論地「打倒托拉斯」,而是要分析其影響是正面還是負面,並由政府適度干預。

整體而言,當代資本主義的「創造性毀滅」過程是複雜而微妙的。企業的各種策略性行為,無論表面上是否有所限制,都應放在長期的發展大局中加以審視和理解。只有這樣,我們才能更好地掌握經濟發展的規律,為促進創新和產業進步提供理論支撐。

在資本主義發展的過程中,價格的靈活性與剛性一直是備受關注的熱門議題。

首先,真正意義上的「價格剛性」主要是短期現象。長期來看,技術進步必然推動價格不斷下降,除非受到政策干預或者薪資水準變動的阻礙。換句話說,價格的趨勢性調整是資本主義發展的必然結果。因此,企業所追求的真正目標是維持相對穩定的價格水準,避免短期的任意波動,以期價格隨較根本性因素的變化而逐步調整。這才是大多數情況下價格剛性的本質所在。

其次,價格剛性在蕭條期間可能產生的影響,一方面由於需求不敏感,價格剛性可能導致總支出減少,造成其他行業的衰退。另一方面,過度的產量限制也可能動搖整體經濟秩序。但是,這些影響的實際重要性是有限的。因為靈活的價格機制未必就能確保總產量和就業的穩定,反而可能造成價格體系的進一步動盪。

最後,這種理論往往被特定利益集團拿來支持自己的政治訴求。而事實上,價格剛性在一定程度上只是資本主義適應性發展的表現。重要

資本主義的存續性

的是要理解其本質，找到維護市場秩序的平衡點，而非簡單地讚譽或指責價格的靈活性或剛性。

現代經濟理論越來越傾向於用資產淨現值（等於資本價值）這個概念來代替利潤概念。不管資產價值還是利潤，當然並非簡單地保存，而是要使之最大化。但是，關於破壞降低成本的改進這一點，仍須附帶地加以評論。

只要考慮一家擁有某項技術專利的公司，使用這個設計將使公司部分或全部機器裝備廢棄的情況，就足以說明問題。當一位不受資本家利益束縛的經理人員能夠和願意使用這個設計為所有人謀利益時，這家公司為了保護它的資本價值，是否會阻止利用這個設計？這確實是一個令人感興趣的問題。

事實上，私人企業經理人員的行為，並不會比社會主義企業經理人員在保持任何給定建築或機器價值上更感興趣。他們的目標，是使相等於預期淨收益的貼現價值的現有總資產淨值達到最大。也就是說，他們會採取新的生產方法，因為相信新方法將產生的每單位未來收入流（折現至現值）大於現有方法。過去投資的價值，在此考量中並不重要，除非它也進入社會主義企業經理人員的決策計算。

但是，還有另一個要素深刻影響人在這件事情中的行為，卻始終被忽視。那就是可以稱為期望進一步改進而作的事先資本保存。一家公司並非總是簡單地面對是否採用一種最好的、立刻可以得到的、並能期望它保持優勢地位一段相當長時期的新生產方法的問題。通常，一種新型機器只是改進鎖鏈中的一個環節，可能很快變為過時。在這樣的情況下，不停地更換設備以追求最佳成本並不合理。

因此，真正的問題是公司在哪一個環節上採取行動。答案往往須在

主要屬於種種猜測性考慮之間尋求妥協，包括等待，以便看清這鎖鏈的發展。這外表看似為了保存現有資本價值而試圖抑制改進，但實際上反映了創新的複雜性。只要堅持不斷創新，才能在破壞性創新的過程中持續發展。

企業的短期壟斷與長期競爭力

企業是否真的可以透過壟斷手段長期獨占市場，這是一個值得深入探討的問題。從表面上看，我們確實能找到很多短期壟斷的例子，比如在特殊時期和地點的資源和商品市場獨占。但仔細分析，這些所謂的壟斷往往是暫時的，很難長期維持。

即使企業擁有專利技術或獨家生產資源，也需要透過不斷創新和改善方法來保持優勢地位。一味依靠壟斷，反而很容易被市場淘汰。現代企業的競爭優勢，往往來自於持續的技術進步、生產效率的提升，以及對市場需求的密切掌握。只有不斷自我革新，才能在激烈競爭中脫穎而出。

即使偶有暫時的壟斷，其影響範圍往往有限。因為即使某個企業獨占某一細分市場，其產品也需要與其他替代品競爭。只有當壟斷企業能持續提升產品和服務品質，才能鞏固其地位。否則，隨時可能有新的競爭者入市，擠壓甚至加以取代。

所以我們不應過度強調企業的壟斷地位，反而應關注它們如何透過持續創新保持競爭力。短期的壟斷固然存在，但長期來看，真正決定企業興衰的，是它們是否能夠適應市場變遷，不斷更新自己。只有這樣，企業才能在激烈競爭中立於不敗之地。

回顧前文所述，我們已清楚看到，現有的完全競爭理論已逐步顯露其局限性，同時也為更有利於壟斷的觀點提供了依據。在此背景下，讓

資本主義的存續性

我們進一步探討這一論點。

傳統理論自馬歇爾和埃奇沃思時代以來,就已經發現對完全競爭附帶的越來越多的例外,從而動搖了從李嘉圖到馬歇爾這一代人間長期存在的對完全競爭的無條件信任。尤其是,完全競爭能最理想地節約資源並按照一定收入分配狀況加以合適分配的論點,已不再為人所信。更為嚴重的是,動態理論近期的重要突破,也令這一觀點遭受了沉重打擊。

動態分析是一種連續時序的分析方法,不僅考慮同一時刻其他經濟量的狀況,還要考慮它們在過去各個時間點的狀況及未來的預期走向。我們發現,一旦市場平衡遭到干擾,重建新平衡的過程並非如傳統理論所描述的那樣可靠、迅速和方便。相反,為調整所作的努力,可能導致離開新平衡更加遙遠,而非更加接近。除非遭受的干擾很小,否則在大多數情況下會出現這種情況。遲滯的調整過程足以形成這種結果。

我們以最簡單的小麥市場為例加以說明。假設在完全競爭市場中,小麥的需求和預期供應是平衡的,但是由於氣候因素導致收成低於農民預期,價格因此上升。若農民隨即增加生產,則第二年可能出現價格暴跌。若農民此時限制產量,則可能產生比前一年更高的價格,從而再次誘發農民增加產量。這種循環在邏輯上可以無限延續下去。

雖然實際情況不會如此極端,但這一現象已經足以說明,完全競爭機制存在著明顯的弱點。一旦了解到這一點,美化這一機制的理論的大部分樂觀主義也就無影無蹤了。我們必須進一步探討,在創新時代的「創造性毀滅」過程中,完全競爭究竟如何運作,又將如何運作。考慮到這一過程中的所有重要事實,我們不難得出,在產生關於完全競爭的傳統命題的一般經濟生活樣貌中,這些命題並不存在。

完全競爭並非經濟發展的理想,因為它往往與創新和進步相悖。在

一個由熟悉的商品和生產方式組成的靜態經濟中，完全競爭或許有助於資源最佳分配。但在現實動態的資本主義世界裡，引入新的生產方法和商品常需要一定的市場力量和暫時性利潤。完全競爭的條件下，創新往往難以實現，因為新事物很難立即以完全競爭的方式出現。

相反，大企業能夠更好地主導創新，積聚足夠的利潤和資源來投入研發。即使在某些情況下，這種大規模控制會導致內部效率低下和浪費，但從整體上看，它對經濟長期發展和總產量擴張發揮了關鍵作用。因此，我們不應將完全競爭奉為理想模式，而要意識到大企業在經濟進步中的重要地位。

相比之下，單純依賴競爭模式的社會主義理論是有問題的。社會主義應該依靠自身的優勢，而不是追求完全競爭。畢竟，在現代產業條件下，完全競爭並非可行，反而可能阻礙創新和經濟發展。正因如此，政府調控產業時也不應過多地將大企業約束於完全競爭的框架之中，而應充分發揮它們推動進步的潛能。

不論是創新還是摧毀 —— 資本主義的自我更新

在資本主義經濟中，創新和摧毀並存，這是資本主義得以自我更新的關鍵。另一個反對意見指出，如果一個企業只能依靠這種手段獲得成功，其實就證明它無法真正為社會創造價值。這個論點看似簡單有理，但卻以嚴格的前提條件為基礎，也就是說，它前提排除了創造性毀滅的過程 —— 這恰恰是資本主義的現實。

我們可以從戰後汽車工業和人造絲工業的歷史來說明這一點。汽車工業在 1916 年後經歷了一段繁榮期，但隨後出現大批新企業湧入，到

資本主義的存續性

1925年大部分都倒閉了。最終只有三家企業占據了80%以上的市場占有率。然而，即使它們擁有強大的競爭優勢，也仍然面臨著來自新進入者的競爭壓力。這就是所謂「校訂的競爭」的本質——它不同於理論上的完全競爭，但卻能推動行業不斷進步。

人造絲工業的經歷也非常相似。它向原本沒有空隙的領域引入了新產品，在數量和品質上都獲得了長足進步。但在某些時候，政策限制仍然主宰著行業的發展。

不幸的是，這種說法常常會引發極端的反對情緒，使政客、官員和經濟學家難以接受。人們對他們的能力表示懷疑，這對他們來說是極難忍受的。但事實上，正是這種創造性毀滅的過程，才是資本主義得以持續發展的根本。只有接受這一現實，我們才能更容易理解和引導資本主義的未來。

資本主義的持續成長與未來挑戰

工業革命以來，資本主義制度的快速發展顯著提高了人類社會的整體生產力和經濟水準。然而，在分析資本主義成就時，我們必須謹慎地考慮各種要素的相互作用與效果。

首先，黃金儲備雖然在一定時期內稀缺，但其長期變化對經濟繁榮並非決定性因素。貨幣管理的適應性方式也不能被視為資本主義成就的關鍵。

人口成長的確是資本主義發展的一大支柱，但我們不應將其完全歸因於資本主義制度本身，因為在任何社會形態下，人口變動都是一個外部要素。因此，單純以每人平均產量來衡量資本主義成就，可能會低估

其實際貢獻。

　　第四和第五個候選因素，即新增土地和技術進步，則明顯發揮了關鍵作用。大量新土地的開發和技術革新的推動，無疑為資本主義的高速發展奠定了堅實的物質基礎。但這些客觀機遇並非資本主義制度自身的成就，而是與工商企業的積極利用密切相關。

　　因此，我們有理由認為，資本主義的成就主要在於實業家對利潤的追求，以及由此引發的技術進步和新資源的開發。這些因素共同推動了資本主義經濟的快速成長。然而，問題在於假設資本主義機器能夠永續運轉的前提是否可靠。

　　未來資本主義能否持續成長，仍有待觀察。新的挑戰，如環境惡化、資源枯竭、社會矛盾激化等，都可能對資本主義的長期發展構成潛在威脅。因此，在一定程度上「新土地」和「技術進步」的作用或許是暫時性的，資本主義最終能否持續成長仍是一個未知數。

新資本主義的挑戰

　　我們正見證一個重大轉變的時刻。當代經濟學家正目睹著令人震驚的世界性蕭條，以及隨之而來的停滯和令人不滿的復甦。這些現象背後的根源，究竟是資本主義走向衰落的跡象，還是只是暫時性的起伏？

　　或許，許多經濟學家都傾向於前一種悲觀的解釋。他們認為，我們正目睹著資本主義機器功能性的根本性變化，其生命力正在永久喪失。就像一個世紀前的某些前輩所感受到的，資本主義正面臨著一種根本性的轉變。這種觀點認為，當下不僅僅是由於反資本主義政策而加深的一次蕭條和令人失望的復甦，更是生命力永久喪失的症狀，注定資本主義

資本主義的存續性

的未來之路將越走越艱難。

支持這種觀點的人群,除了一些以願望為依歸的社會主義者外,也包括許多不以願望為思想依據的人。他們指出,當代的投資機會正在逐步消失,這就是資本主義面臨危機的根本原因。一方面,現有的大型企業表現出了僵化的特徵,限制性的做法、價格剛性等特點,削弱了資本主義機器的動力;另一方面,向新企業和新投資開放的機會正在消失,人口成長率下降、資源飽和等因素都在限制投資的空間。於是,他們預言,未來 40 年內,資本主義很難再現以往的輝煌成就。

但是,我認為這種悲觀論調是有待商榷的。雖然上述分析確實抓住了某些重要因素,但對於資本主義未來的判斷,似乎過於武斷和片面。畢竟,資本主義是一個動態的過程,充滿了創新和變革的可能性。環境條件的變化固然會影響資本主義的運作,但資本家的創新精神和適應能力,也一直是推動資本主義持續發展的重要力量。因此,我們不能簡單地推斷,今後 40 年內,資本主義就一定難以再現輝煌。相反,我相信,只要能夠順應時代變遷,找到新的發展動力,資本主義仍有可能在新的領域展現其前所未有的活力。這樣的挑戰和轉型,正是資本主義賴以生存的不竭泉源。

新的一個時代正在悄然到來。我們所面臨的挑戰看似阻礙經濟發展,但仔細分析實際上蘊藏著無限的可能。

人口成長率的下降是當前最重要的趨勢之一。那麼,我們是否就此對未來經濟發展失去信心呢?當然不是。相反,這反而可能成為新的機遇。隨著勞動力日益稀缺,必將促進生產效率的提升。加上婦女日益參與生產,以及技術進步帶來的效能提升,我們完全有理由相信,每人每小時的產量還將繼續上升。儘管某些短期政策可能人為製造勞動力稀

缺，但從長遠來看，人口成長率的降低無疑是經濟發展的有利因素。

再者，開發新土地的機會並未完全喪失。即使某些地區已經開發完畢，但仍有許多沙漠等曾經荒蕪的土地，可以透過技術進步重新變為沃野。同時，地理疆域的拓展不等於經濟上的新機遇，我們還有許多其他可以開發的領域。歷史上資本主義興起往往與某些表象性因素連繫起來，但這恰恰是我們容易犯的錯誤。新的投資機會總會出現，即使某些舊有的機會消失，資本主義都有能力尋找或創造新的出路。

我們不應過度悲觀。人類歷史一再證明，只要我們保持開放和創新的心態，經濟發展就永無止境。新時代正在呼喚我們，讓我們與時俱進，拓展新的疆域，重塑經濟版圖，創造更加美好的明天。

技術進步的雙重面向

經濟學家們對技術進步的評論頗有分歧。一些人認為技術進步已經明顯，但成就微小；另一些人則認為技術進步帶來的投資機會正在逐步消失。

無可否認，我們正處於技術進步的退潮階段。電力、電器工業、電氣化、汽車等重大發明在我們父輩一生中已是司空見慣。但實際上，化學工業、電氣時代的各種成就和現代住宅建造，在投資機會上都遠超過西元1880年的預期。技術進步的可能性是一片未知的海洋，我們無法預測哪些未被探索的技術會產生更大的生產能力。

一些經濟學家認為，每個國家勞動力必然會以必要的裝置裝備起來，這在19世紀大致已完成。他們認為，這不但不會造成投資機會的耗竭，反而會促進總產量的進一步增加。因為資本貨物的不斷更新可以永

資本主義的存續性

遠維持經濟生命力。另一些人則認為，新技術的採用所需資本減少，這將降低基礎建設投資的重要性，進而影響經濟活動的興旺程度。然而，這一觀點尚未得到充分證實。

事實上，任何提高效率的新方法，都能節省勞力和資本，這不意味著投資機會的減少，也不意味著產量擴充速度的降低。我們不應因為單位資本更多用於提高效率，就輕易得出資本主義瓦解的結論。

最後，一些經濟學家認為，某些無法透過成本效益計算的公共開支，如城市美化、公共衛生等，以及越來越多的行業進入政府管理範圍，如交通、電力等，都可能擴大國家和市場的投資。這在徹底的資本主義社會也可能普遍出現。

整體而言，技術進步是一個雙面刃。它既帶來前所未有的機遇，也可能導致一些不可預測的變化。經濟學家們對此各有看法，很難做出確定的判斷。我們只能謹慎地觀察未來的發展趨勢。

離開純粹經濟研究領域，我們現在轉而探討資本主義經濟的文化層面──如果用馬克思主義的語言來說，就是其社會心理的上層建築。我們用最簡單的方式，概述其突出特徵。

人類學家和社會學家都同意，在距今5萬年前的原始社會中，人們面對周圍危險和機會的態度，大致與今日的原始部落無異。這種態度有兩個關鍵特點，對我們非常重要：一是原始人的心理過程具有「集體的」和「情感的」性質；二是他們依賴我們不太正確地稱之為巫術的東西。前者展現在小型、未分化或分化不大的社會群體中，個人思想中的集體意識要遠遠強於大型複雜社會；他們做出結論和決定的方式，違背我們所謂的邏輯，特別是排除矛盾的原則。後者則表現為他們相信一套信仰，這些信仰並非完全違背經驗──否則很難一直流傳下去──但卻將來

自非經驗的實體或影響植入所見的現象之中。

這種心理過程與精神病患者相似，學者們都有所指出。但我們不能因此斷言，現代人的內心完全沒有這種特質。相反，任何對政治問題的討論，都足以說明我們自己的很多——尤其是決定行動的——心理過程，正是屬於同樣的性質。

因此，理性思考和行為，以及理性主義文化的存在，並不意味著上述準則完全消失，而只是社會生活的某個面向慢慢展開，個人和群體在應對局勢時，基本上有三種方式：一是在某種程度上按照自己的看法去利用局勢；二是按照我們所謂的邏輯一致性原則去利用局勢；三是根據一些假設——它們的人數最少，且每個人都要為自己的潛在感受負責——去最好地利用局勢。

這三種方式都不夠充分，但卻足以滿足我們的目的。不過，關於理性主義文化這個概念，我還要補充一點：當日常生活中的合理分析習慣和合理行為已經習以為常、相當成熟的時候，它反過來使群眾產生集體觀念，批評並在一定程度上質疑生活中的某些現象，提出為什麼要有國王、教廷、封建制度、什一稅和財產。

需要注意的是，雖然我們大多數人認為這種態度是心理發展的「較高階段」，但這個評價未必能得到後果的證實。在缺乏資訊和技術條件的情況下，理性主義態度可能發揮作用，而由此引導的行動——尤其是普遍的外科手術狂熱——即使從純粹智力的角度看，也可能比當時多數人認為由低智商形成的態度引發的行動和反外科手術狂熱更加低劣。17 和 18 世紀大量的政治思想就證明了這一被長期遺忘的真理。較晚的「保守派」的反批評不但在其社會見解的深度上而且在邏輯分析上顯然有其優越之處，但對於啟蒙時期作家來說，它僅僅是笑柄而已。

資本主義的存續性

作為一個關鍵點，人類心理上的理性態度主要源自於經濟上的必要性。日常的經濟活動賦予了人類理性思考和行為的根基，甚至可以說是邏輯的母體。這一關係可以由一個簡單的例子說明：對於一個「原始」人來說，若是手中的棍子斷裂，他可能會試圖用咒語的方式來修復它，而不是去探索實際的修理方法。後者的做法才是我們所理解的理性。隨著經濟活動領域的極端明確性和量的特性，理性習慣逐步形成並擴展到其他範疇，使人們能夠客觀地看待事實。

值得注意的是，資本主義發展了這種理性並賦予其新的銳利度。首先，它將貨幣單位提升為計算單位，推動了成本—利潤的精確核算，從而強化了企業的邏輯性。這種邏輯隨即開始向其他領域擴張，影響著人的工具、哲學、醫藥等各方面。其次，資本主義破壞了封建環境，為個人成就創造了空間，吸引了大量有意志力和知識的人才投身於工商業，成為理性主義機器的蒸汽動力。

因此，無論是現代化的工廠和技術，還是整個文明的特色，都可以說是資本主義過程的產物。理性科學的發展、醫療衛生的成就，甚至教育的進步，都直接或間接地源於資本主義的理性化推動。雖然資本主義過程或許存在一些弊端，但其為人類文明的進步所做的貢獻不可磨滅。

資本主義的藝術與生活

資本主義的興盛，不僅塑造了經濟秩序，也深刻影響了藝術與生活方式的演變。以繪畫為例，從喬托的圓形劇場壁畫開始，一條線索貫穿馬薩喬、達文西、米開朗基羅、葛雷柯，直到德拉克羅瓦與安格爾，乃至塞尚、梵谷、畢卡索等表現主義者，都清晰地呈現了這一過程。

資本主義的藝術與生活

　　這條發展線彰顯了資本主義的理性主義與反英雄主義特質。工商業的成功需要大量精力，但不需要武力和身體上的英勇。因此，資產階級傾向於和平主義，將私人生活的道德觀念應用於國際關係。雖然也存在資產階級分子的好戰行為，但這些並非由於其階級地位，而更多源自個人的特殊利益或意識形態。事實上，一個國家的資本主義化程度越高，其主張和平的傾向也越強。

　　資本主義文明的理性化也影響到文學藝術的發展。資本主義小說，如龔固爾的《寫下的檔案》，展現了資本主義情節的進化。同樣，現代西裝的起源也反映了資本主義生活方式的變遷。這種理性化趨勢，不僅在藝術領域，也在社會制度中得到展現，如女權運動的興起等。

　　總之，資本主義不僅帶來了經濟上的重大成就，也深刻塑造了藝術與生活方式的演變。儘管存在一些爭議，但其為人類文明帶來的希望和前景，仍值得我們重視和反思。

　　我相信，即使人類擁有自由選擇的表面自主權，但事實上我們的行動和價值判斷都受到社會結構、經濟條件等諸多客觀因素的深刻制約。在資本主義下，人們可能「較少地注意資本主義過程在生產經濟價值和文化價值中的效率，較多地注意由資本主義過程產生而後由他們各行其是並漫不經心地把他們的生活弄成一團糟的那種人」。這種現象暴露了資本主義文化的缺陷與局限。

　　然而，我們也不能簡單地用功利主義或社會主義來否定資本主義的全部成就。因為人類的選擇自由本來就是受到限制的。我們很少能夠站在理性比較的角度來選擇社會制度，而是往往只是被動地接受別人給予的東西。經濟和社會的發展機制會「強迫」個人和團體以某種方式行動，即使這樣並未全然摧毀他們的選擇自由，也會塑造他們的心理狀態，限

縮其選擇的可能性。這就是人性與社會的辯證關係。

這樣看來，資本主義制度的成就甚至不太適合拿來作為預測未來的依據。大多數文化在完全發揮其潛能之前就可能消失殆盡。因此，我不打算以資本主義的成就來論證它的永續性，反而要得出相反的推論。人類並非完全自由，我們的行為和選擇都被社會結構所制約，這是我們必須正視的現實。

新時代的企業家角色

隨著時代的進步，企業家的職能正逐步衰落。一方面，技術的進步使得很多以往需要企業家才能完成的事情變得簡單易行，革新本身已成為日常事務，不再需要企業家的特殊智力與才能。另一方面，人們對於經濟變革已經習以為常，不再像過去那樣對新事物抵制，變革也不再需要企業家那種勇於冒險的個人勇氣和魄力。

企業家職能的式微，使得經濟進步日趨自動化、無關個人。就像軍事戰爭中，從個人英雄主義到現代戰爭的機械化一樣，企業家這個角色也正遭到社會變革的衝擊。就像中世紀武士階級最終被淘汰一樣，企業家的地位也面臨著威脅。因為，要麼是企業家所帶來的社會需求消失了，要麼是這種需求可以透過其他非個人的方法來滿足。

企業家的成功不再是個人的成就，而更多地成為專業工作人員的成功。機關和委員會的工作取代了個人的創新活動。在這個新時代，企業家的角色正悄然發生著變化，需要尋找適應新形勢的新定位。

資本主義社會的發展，一直深深地影響著整個社會的階層結構。企業家雖然不一定來自資產階層，但一旦成功，便能順利進入這個階層。

新時代的企業家角色

企業家本身並不構成一個獨立的社會階級，但資產階級卻不斷吸收他們，使得自己得以持續充實和振興。

然而，事情的發展並非一帆風順。隨著時間的推移，企業家的後代往往與「企業」這個核心利益失去了積極連繫，也就慢慢地脫離了資產階級。在資產階級內部，既有致力於企業家精神的工業家、商業家，也有僅僅是在管理家族產業的人。這個階層的社會地位和經濟利潤，相當程度上取決於那些積極參與企業活動的人的成功。

但問題在於，隨著資本主義的進步和自動化技術的發展，企業家這種角色可能逐漸被邊緣化甚至淘汰。一旦產業過度集中和官僚化，不僅會驅逐中小企業，還會最終攆走企業家，取代他們的是僅僅負責日常管理的薪資階層。這樣一來，資產階級不僅失去收入來源，還將喪失自身最核心的職能。

馬克思主義者可能會對此不以為然，但這一預測與他們的結論並無不同。正如范德比爾特、卡內基和洛克斐勒等人所示，資本主義的真正開路人，往往出身於資產階級內部，而非宣揚社會主義的知識分子。資本主義最終可能會被自己的成就所掩蓋，走向自我消解的命運。在這個過程中，作為一個階級的資產階級也將走向衰亡。這或許是資本主義社會難以想像的結局，但卻是其發展的必然趨勢。

隨著時間的推移，資本主義這個社會進化的過程似乎正步入一個平靜的階段。企業家將發現自己的角色正面臨著前所未有的困境。利潤和利率都趨近於零，依賴收益為生的資產階層正逐步消退。商業和工業的管理也正轉變為日常的行政工作，帶有濃厚的官僚主義色彩。這樣一種清醒型的社會主義將自然而然地出現。人們的精力也將從商業領域轉移到其他文化和社會建設事業上，才智將被更好地利用。

資本主義的存續性

　　值得關注的是，由於生產和消費需求的基本滿足，以及技術的高度發展，經濟組織和社會結構都將發生深刻的變革。企業家這一角色的重要性正逐漸降低。一方面，創新已變得更加易於實現，技術進步越來越成為專業團隊的工作，不再需要企業家獨特的洞察力和魄力；另一方面，社會也已適應和接受經濟的不斷變革，對新事物的抵制正在逐步消失。可以說，經濟進步正趨向於與個人無關和自動化的方向發展。

　　這種演變過程與軍事領域的發展頗有相似之處。在過去，一個個人統帥的英勇事蹟和指揮能力是決定策略戰術的關鍵因素，但隨著戰爭方式的機械化和標準化，個人作用正逐步被邊緣化，取而代之的是專業化的辦公室工作和可計算的結果。與此類似，資本主義也正經歷一個由企業家個人英雄主義向機關和委員會工作的過渡。企業家的社會地位和影響力正受到這一過程的威脅，就像中世紀武士階級的式微一樣。

　　資產階級的社會地位也與企業家的命運息息相關。資產階級相當程度上依賴於企業家的成功，當企業家的角色逐漸失去重要性時，資產階級的地位也將受到動搖。我們或許正在目睹資本主義這個過程的最後階段，就像封建文明確曾有過的那樣。未來的社會形態究竟會如何演變，尚待觀察。

資本主義的自我衰退

　　隨著資本主義的進化和自動化的發展，資產階級的經濟基礎將逐漸崩解。工業企業的高度集中和官僚化，最終會驅逐中小企業，並取代企業家這一階級。這種過程不僅使資產階級失去收入來源，也剝奪了他們的重要社會地位和職能。

資本主義的自我衰退

　　換言之，資本主義的進步成就，反而可能導致其自身的衰落。社會主義的到來不會是由於知識分子的鼓吹，而是資產階級自身內在矛盾的必然結果。這一論點或許不為馬克思主義者所接受，但從預測的角度來看，卻與他們的預測並無二致。

　　資本主義發展不僅改變了經濟基礎，也破壞了保護資產階級的制度結構。封建社會的種種特權和體制被逐步瓦解，雖然對資產階級來說意味著打碎束縛、開拓新機會，但同時也失去了某些保護作用。

　　君主政權透過官職、津貼等方式，巧妙地讓領地貴族和教士階級融入統治階層。同時也加強了對資產階級的支配，不僅保護其企業發展，還透過地主和工業家代理剝削農民和工人。這種全面控制的政體，與19世紀自由主義政府有著天壤之別。然而，這種既保護又剝削的兩棲性質，終將隨著資本主義的自我推進而瓦解。

　　即使在資本主義興起的時期，封建制度中的貴族階層仍在國王、宮廷、軍隊、教會和官僚機構中發揮著關鍵作用。雖然這些階層在一定程度上也接納了資本主義帶來的經濟利益，但他們依舊保持著封建時期的社會地位和政治影響力。

　　這種貴族階層與資產階級之間的積極共生，在英國得到了最好的展現。儘管資產階級逐漸成為主導經濟的階層，但貴族仍能透過不斷吸收新的社會人才，代表資產階級的利益，並為資產階級的戰爭作戰。他們放棄了一些最後的法律特權，但卻繼續充當政治機器的領導者，維持著自身的統治地位。

　　這種情況並非因為資產階級缺乏獲得統治經驗的機會，而是有更根本的原因。貴族階層不僅擁有實力，更具有神祕的魅力和高貴的氣度，使其能夠超越階級局限，維持長久的統治地位。即使在現代社會，這種

資本主義的存續性

貴族特質的殘餘也依然存在，對人們產生著難以磨滅的影響。

資產階級人士雖然在工商業上具有出色的管理才能，但在政治領導上卻往往缺乏英雄式的魅力。他們更擅長於理性經營和防禦性方法，而難以發揮廣泛的政治影響力。即使在一些特殊情況下，如威尼斯和熱內亞共和國，商人階級也往往在關鍵時刻不得不將統治權讓渡給封建軍閥。

除了這些特殊情況外，資產階級人士本身感覺到他們無法獨立應對國內外複雜的政治問題。他們需要依賴某種非資產階級力量的保護支撐，才能在政治上獲得成功，不僅在防禦中，在進攻時也如此。當他們感到地位穩固時，也會企圖攻擊這個保護他們的結構，但最終還是孤立無助，無法真正領導國家，甚至連維護自身階級利益都成問題。

資本主義的發展，一方面消滅了上帝保佑的國王，另一方面也摧毀了傳統的社會結構，如村社和工匠行會等組織，這些曾經是資本主義賴以生存的夥伴和依託。在打破這些前資本主義的社會基礎後，資本主義不僅衝破了制約其前進的障礙，也拆除了防止其崩潰的支撐架構。因此，我們不得不反思，將資本主義視為一種獨立的社會形式是否恰當，也許它只是封建主義瓦解過程中的最後階段。

整體而言，資產階級人士雖然在經濟領域有出色的管理才能，但在政治領導方面卻顯現出重大的局限性。他們需要藉助非資產階級的力量支撐，才能在政治上獲得成功，這也反映了資本主義發展的內在矛盾。

資本主義制度的崩潰

資本主義過程正在不可逆轉地毀壞其自身的制度結構。一方面，它不可避免地打擊小生產者和小商人的經濟根基，使他們難以維繫。雖然

大型企業也為他們創造了一些生存空間，但長遠來看，這些小型經濟主體的消失是不可避免的。另一方面，在大型企業內部，所有權和經營權也發生了分離，企業擁有者、大股東和經理人之間的利益衝突日益加劇。企業所有權的物質實體不再鮮明，使得人們對「財產」的觀念日漸淡薄。同時，自由契約制度也受到資本主義過程的侵蝕，尤其是在勞工市場，個人選擇和協商的空間越來越有限。

這種變化不僅影響了企業擁有者和工人的態度，也影響了普通大眾對資本主義制度的看法。人們日益對大企業和資本主義制度抱有敵意，尤其是在經濟不景氣時期。政治結構也因小型企業的消失而發生深刻變化，失去了許多勇於發聲的群體。所有這些都顯示，資本主義正在摧毀它自身的制度基礎，走向崩潰。

資本主義的創造性破壞

資本主義過程最終降低了資本家階級賴以生存的職能重要性，並傾向於銷蝕掉它的保護層，毀掉它自己的防禦工事，驅散它堡壘的警衛部隊。這種資本主義的「創造性破壞」，不僅削弱了資產階級的政治防禦能力，也在其價值體系中播下了批評理性的種子。這使得原先對資本主義順從的態度，最終反過來攻擊私有財產和資本主義整個體制的道德正當性。

資產階級的堡壘由於缺乏有效的政治防禦，自然會招來侵略者的覬覦。侵略者通常會設法將敵意合理化，使之成為一種常態。雖然暫時用收買辦法可以緩解這種敵意，但一旦侵略者發現自己能占有一切，那些手段也將失敗。

資本主義的存續性

但有人可能會質疑，資本主義制度不是可以依靠自己的功利理由而存續嗎？為什麼需要依賴非理性力量的支持？這樣的質疑其實是錯誤的。因為，即使能夠提出資本主義的合理理由，但政治性批評往往並非源於理性的判斷，而更多源於一種拒絕向超理性價值表示忠誠的心理態度。理性的反駁可能消除攻擊的合理性外表，但卻無法根源性地消除潛藏在背後的超理性衝動。

在缺乏有效的文化方式來引導和控制這些超理性衝動的情況下，它們往往會造反。在這種理性主義文化中，它們的表現雖然可能帶有一定的理性化，但仍難以被功利主義的理由所平息。就像人們向國王和教宗要求功利證書一樣，資本主義也難逃在充滿判決書的法庭上受審的命運。就算提出了再好的辯護，最終能獲勝的唯一方式，可能就是改變原有的指控。簡言之，單一的功利主義理由是無法成為資本主義行為決定的根本因素。

資本主義的重要性與弊端並存，如何化解其在社會中產生的敵意，成為一個值得深究的課題。首先，資本主義過程最終削弱了資本家階級賴以生存的功能，並傾向於破壞自身的防禦機制。同時，它還創造了一種批判性的心理結構，最終連資產階級價值都被質疑。資產階級的地位一旦動搖，自然會招來更多的侵略與敵意。

其次，有人可能會認為，只要提供資本主義的合理正當性，就可以減少敵意。但事實並非如此，因為政治性批評往往源於不滿，很難被理性論證所消解。超理性的衝動一旦被理性主義文化解放，反而更容易造反。即使有極其強大的理性論證，也無法真正對抗這些超理性的驅動力量。

再者，要真正理解支持資本主義，需要極強的洞察力和分析能力，這對普通人來說是非常艱難的。資本主義的長期成就往往被忽略，人們

更容易關注眼前的利潤和低效率。同時，個人遭遇的困難和挫折也容易歸咎於社會制度，而非自身。若缺乏對制度的感情依戀，敵意衝動就很難得到抑制。

最後，即使資本主義帶來了生活水準的持續提高和充足的閒暇，但個人的無保障感與社會不公平仍是引發社會動盪的良好土壤。要化解資本主義的內在矛盾，需要超越狹隘的利益考量，從更高遠的視角看待制度的合理性。唯有如此，資本主義才能得到真正的社會認同和支持。

知識分子的興起與影響

隨著資本主義文明的發展，知識分子群體的地位和作用也經歷了重大轉變。在前資本主義時代，知識分子主要為教會和貴族服務，受到嚴格管制，難以跳出既有框架。但資本主義的興起，為知識分子群體帶來了新的機遇。

印刷術的普及，使得書籍和報刊大量傳播，擴大了知識分子的影響力。同時，資產階級的崛起，也為知識分子提供了新的贊助來源和觀眾。相比之前，知識分子獲得了更大的自由，開始對教會、政治、社會等領域發出批評和質疑的聲音。

然而，知識分子並非統一的社會階級，他們來自不同背景，往往存在內部競爭和角力。有些知識分子為了獲得權力和地位，不惜投靠貴族和統治者，利用筆桿子謀取私利。阿雷蒂諾就是一個典型例子，他以奉承和諂媚換取了查理五世的賞賜。

與此同時，也有不少知識分子選擇保持相對獨立，以批評和反思的姿態參與社會論爭。他們從旁觀者的位置，對既有制度和價值觀提出質

資本主義的存續性

疑，成為推動社會進步的重要力量。

整體而言，資本主義為知識分子群體創造了新的發展空間，使他們能夠更自由地發聲和行動。但知識分子的社會角色也日趨複雜，既有人為權力和地位而奴膝，也有人堅持獨立思考、勇於批判。這種兩面性，也反映了知識分子在資本主義社會中的複雜處境。

在 18 世紀的前 75 年中，個人庇護人的重要性逐漸降低，取而代之的是集體庇護人（資產階級公眾）的支持。伏爾泰就是一個最能展現這種轉變的典型例子。他的博學淺學、不懈活力和無邊好奇心使他能夠涉獵各種領域，從宗教到牛頓光學，深得大眾的喜愛。他善於利用自己與公眾良好的關係，維護自身的獨立性，透過投機、欺騙、接受禮物和職位等方式成功立足。

與此同時，在 18 世紀的最後幾十年，英國知識分子約翰·威爾克斯透過發表具有批判性的《北不列顛人》雜誌，成功挑戰了當時的政治體制。儘管他並沒有真正推翻政府，但他的做法確實在保證取消搜查令和爭取出版、選舉自由等方面做出了重要貢獻。令人意外的是，威爾克斯的敵人竟無法阻止他的行動，這說明在資本主義社會中，對知識分子的打擊總會受到資產階級企業的庇護。

在法國大革命前夕和革命期間，大量小報紛紛出現，展現了知識分子的力量。然而，恐怖時期和第一帝國時期隨之而來的嚴厲控制，最終使這一現象逐漸消失。直到西元 1860 年代中期，在中南歐和英國，資產階級政權才被迫放鬆對知識分子的控制。

這個時期令人明白，在資本主義社會中，阻止知識分子的崛起是不可能的。即使政府動用各種方式，也終將敵不過資產階級企業的庇護。這些歷史經驗充分說明，知識分子與資產階級之間存在不可分割的連

繫,彼此的命運密切相關。

注意,我並非用不切實際的慷慨或理想主義來看待資產階級。我也不是過度強調人們的想法、感受和需求——儘管我同意馬克思在這方面的觀點。在保護知識分子階層時,資產階級也在保護自身及其生活方式。只有非資產階級性質和非資產階級信念的政府——現代只能是社會主義或法西斯政府——才能充分掌控知識分子。為此,這樣的政府必然要改變典型的資產階級制度,並大幅壓縮各階層的個人自由。這樣的政府很可能,甚至無法,突然禁止私營企業。由此可以推論,資本主義制度既不願意也無法有效控制知識分子階層。

這是因為,一方面,資產階級不願意使用與其形成的精神狀態不一致的方法;另一方面,資本主義制度內部的結構限制了非資產階級統治的實現。因此,公開討論的自由包含了對資本主義社會基礎的尖銳批評,這從長遠來看是不可避免的。而知識分子群體也無法不進行批評,因為批評是其存在的根本,他們的整個地位都依賴於具有刺激性的批評;在沒有任何事物是神聖的情況下,這種批評必然會針對階級和制度。

隨著生產方式的不斷增加,群眾的生活水準和閒暇時間也在提升,這改變並持續改變知識分子需要為庇護人提供的內容。書籍、報紙越來越便宜,大型報業公司也應運而生。現在,無線電廣播也出現了。過去和現在都存在著完全消除限制的趨勢,逐步克服那些短期的阻力企圖,在這一過程中,資產階級社會證明自己既無能又時有嚴重的孩子氣式管控。

另一個重要特徵是高等教育機構的急遽擴張。這不可避免地導致了幾個結果:第一,高等教育供給專業和半專業勞動力超過市場需求,造成局部失業。第二,出現就業不滿意的情況,就業於低標準工作或低於

體力勞動者的收入水準。第三，大量受過高等教育的人無法找到合適的工作，心理上拒絕從事體力勞動，擠入了模糊的知識分子行列，帶有無產階級色彩，產生了對資本主義制度的敵意。

因此，知識分子不是製造了工人運動，但他們的工作使其變得本質上與原來不同。他們為工人運動提供了理論和口號，如「階級鬥爭」，並加強了其激進性，最終把革命傾向注入大多數工會，這超出了非知識分子工會領袖的初衷。為了吸引工人，爭奪他們的領導權，知識分子被迫採取一些方法，如奉承、允諾和煽動，建立左翼和激進派，並聲稱自己願意服從。因此，知識分子與資產階級的矛盾和糾葛可謂深入人心。

知識分子與政治的微妙關係

知識分子集團在政治中的角色無疑是複雜的。他們鮮少直接參與職業政治，但卻在幕後發揮著舉足輕重的影響力。他們擔任政治家的祕書和顧問，撰寫小冊子和演講稿，甚至主導某些報紙的編輯方向。這種相對隱祕的角色使他們能夠將自己的思想和價值觀滲透入政治層面。

當我們說某個政治家或政黨代表了某個階級的利益時，這只是部分真理。政治往往有其自身的邏輯和利益，可能與所代表的集團並不完全一致。知識分子集團就是一個很好的例子。他們並非單純地代表任何特定階級，而是試圖推動符合自身價值觀和理念的政策。這些政策有時可能與資本家的利益相悖，顯現出知識分子與政治的微妙關係。

值得注意的是，知識分子不僅影響政策制定，也左右行政措施的走向。這主要源於歐洲官僚體系本身的特點——它們的血統是前資本主義和非資本主義的。與資產階級並未完全劃上等號，他們更多地將其視為

服務於君主或國家利益的資產。正是這種背景使得他們容易接受來自知識分子集團的影響。

此外，隨著政府機構的急速擴張，官僚系統也不得不大量吸納知識分子充實自身。這進一步加強了兩者之間的連繫。所以，知識分子集團透過多重管道，在幕後主導著政治決策的走向，這比他們直接參與政治宣傳所暗示的更為直接和深入。

家庭的瓦解，資產階級的內在危機

在持續不斷的社會壓力下，企業家和資本家逐漸喪失了實現自己目標的動力。隨著工業王國的夢想在多數國家化為烏有，他們開始意識到這種狀態的永久性質，不再願意為之打拚奮鬥。這種推動力的削弱，不僅源於外部力量的威脅，更來自於內部的各種原因。

其中最重要的一個內部因素，就是資產階級家庭的瓦解。在現代資本主義社會中，男女們對家庭生活和雙親觀念的重視程度，已經不如過去那般重要了。公開蔑視傳統的「維多利亞」標準的叛逆子女，表達了這一不可否認的社會事實。無論婚姻率、離婚率如何，更重要的是婚姻關係中那種至關重要的內在內容正在消失。

這種現象首先出現在資產（和知識分子）階層，其原因在於生活的日益理性化。一旦男女學會了功利主義，就會清楚地意識到在現代條件下，由於家庭和子女帶來的各種個人犧牲，以及相比之下越來越吸引人的其他生活方式選擇，做父母的誘惑力正在大幅下降。資本主義的發展不僅削弱了家庭生活的價值，還提供了更多替代的生活方式。

與此同時，資本主義過程也在蒸發消費財產的價值。直到 19 世紀

資本主義的存續性

末，擁有私人住宅和配備服務人員一直被視為資產階級生活方式的基本要素。但如今，這種大宅邸生活方式正在被認為是麻煩和昂貴的，越來越多人轉向小巧、機械化的設施，或者乾脆外包接待任務到飯店和俱樂部。

總之，在資本主義發展的過程中，資產階級的家庭生活和消費方式正經歷著深刻的內在變革，這些內部因素正在削弱資本主義的根基，使其推動力日益衰微。

在現代化的過程中，老式資產階級的舒適宅邸已經不再是生活的必需品。取而代之的是公寓房屋和飯店式公寓，這種新型住宅方式無疑能更好地滿足時代的需求，提供真正的舒適和精緻。

這種生活方式的優勢主要展現在三個方面：首先，現代大住宅的管理與維護成本更低，相比之前家庭自行照料的大宅更有優勢。其次，住戶能更便利地使用各種現代化設施，外出和搬遷也更加方便。最後，很多家務瑣事可以委託專業化的組織處理，使業主獲得自由。

這種變化無疑會影響資產階級子女的養育方式。寬敞的大宅已經過時，取而代之的是更容易管理的大型住宅，這不僅減少了父母的責任，也降低了孩子們生活在豐富環境中的需求。從某種程度上來說，這反過來又降低了偏好大宅的動力。

我們必須承認，新興的住宅方式目前還沒有完全取代原有的資產階級生活模式。但在間接成本上，新型住宅已經顯示出優勢。以前累積「消費資本」的需求大大減少了，因為人們可以透過付費享受優質的旅店、交通等。這反過來使高收入者的收入欲望降低了。

可以說，這一經濟過程正在從內部瓦解資本主義的運作基礎。原先

支撐資本主義的家庭動機和長期視野正在逐步消失，取而代之的是短期取向和反儲蓄思維。資產階級正在失去對自己信條的信念，也越來越接受那些曾被視為敵意的思想觀點。可以說，資本主義正在面臨一股內在的自我毀滅趨勢。

◆ 資本主義的存續性

社會主義的不確定性

社會主義的不確定性

無庸置疑，資本主義的結構性危機為另一種社會形態——社會主義的出現創造了條件。但我們對即將到來的社會主義究竟是何種面貌，仍然一無所知。馬克思及其追隨者眼中的社會主義，僅僅指向國有化的工業體系和一些不太明確的經濟、文化可能性。而對於社會主義到來的確切道路，我們更是一無所知，只能預見許多可能性，從逐步官僚化到最激烈的革命。

事實上，我們連社會主義是否真的會來臨都無法確定。察覺到一種趨勢和想像其目標是一回事，但預言這個目標必將實現並永久延續下去，卻是另一回事。人類很可能在社會主義的天堂或地獄中化為灰燼，在帝國主義戰爭的榮耀或恐怖中化為塵埃。

我們試圖描繪的這種趨勢，雖然到處可見，但卻未曾在任何一個地方完全顯露。各國發展的進度不一，也不足以讓我們確信它們的潛在趨勢已足夠強烈，能夠抵禦暫時的挫折。工業一體化還未完成，實際和潛在的競爭依然是重要因素。企業仍然活躍，資產階級集團依然主導經濟過程。中產階級依然是一支政治力量，資產階級的標準和推動力雖然正遭到日益增加的損害，但仍擁有生命力。種種傳統存在，如家庭所有權，依舊影響著企業的行為方式。資產階級家庭也未真正死亡，反而緊緊抓住生命，難以被政府觸動。

在短期內，這些表面現象可能比深層次的向另一種文明的趨勢更為重要。因此，對於社會主義的性質和實現道路，我們依然無法確定。社會主義的可行性仍存在許多不確定因素，需要我們謹慎對待和持續觀察。

社會主義的可行性與實踐

社會主義可行嗎？這無庸置疑。只要我們假定：第一，工業發展已達必要階段。第二，過渡問題能夠成功解決，那麼社會主義的可行性就

是毋庸置疑的。當然，人們仍擔心這些前提本身是否成立，或者即使成立，社會主義的社會是否民主，抑或即使不民主，其職能也能發揮得很好。這些問題稍後再討論。但若我們接受這些假設，消除這些疑慮，那麼其他問題的答案都是肯定的。

在我試圖證明這一點之前，讓我先消除一些障礙。我們之前忽略了某些定義，現在需要補充完善。我們將只考慮商業社會和社會主義社會這兩種類型，其他類型只簡單提及。

商業社會是以私人擁有生產資料、生產過程由私人契約（或私人管理或私人積極性）調節作為特徵的制度模式。這種社會一般不會是純粹的資產階級社會，因為如前所述，如果不與非資產階級階層共生，工商資產階級通常很難生存。商業社會和資本主義社會並非同一概念，後者只是前者的一種特殊形式，具有銀行信貸創造貨幣的特徵。

社會主義社會是一種制度模式，其特徵是生產資料和生產過程的控制權都歸中央當局所有，經濟事務屬於公共領域而非私人領域。我們所指的是這種中央集權型社會主義，而不包括工團主義、行會社會主義等其他形式。

但使用「中央集權」一詞並不意味著中央當局必然是專制獨裁的。這個當局可能需要向國會或議會提交計畫，並可能受到監督和檢查機關的制約。同時，中央也可能給予各行業或工廠的經理一定的行動自由，以避免過度集中造成效率下降。

總之，我所定義的社會主義不等同於集體主義或共產主義，雖然在歷史上這些名詞常被用作社會主義的同義詞。我避免使用「國家所有」、「財產權」等帶有特定制度結構意味的詞語，因為這些詞彙不適用於封建社會或社會主義社會的討論。國家可能參與社會主義的實現，但正如馬克思和列寧所說，在社會主義中國家將會「死亡」。

社會主義的不確定性

　　對於社會主義這個概念，我們必須擺脫單純的經濟角度，去探討它更深層的文化意涵。我們不能將社會主義僅僅等同於經濟模式的變革，而忽略了它所蘊含的廣泛文化願景。正如基督教的意義遠超過天堂和地獄的價值，社會主義所指向的目標也不僅僅在於填飽人民的肚子。

　　我們必須了解到，社會主義者所追求的是一個全新的文化世界。這個世界的樣貌可以有許多種形態，既不會只是一種標準化的模式，也不會只為權力階層服務。它可能傾向於平等主義，但也可能維持既有的等級觀念；它可能是苦修主義的，也可能是享樂主義的；它可能熱愛和平，也可能偏向戰爭和民族主義；它的藝術表現可能是主觀的，也可能是客觀的。

　　社會主義的文化不確定性並不意味著毫無頭緒，而是意味著無數可能性的存在。我們可以根據一些假設，推測出社會主義制度下可能出現的某些趨勢，例如和平主義，或是與理性主義的連繫。但我們必須謹慎地保留開放性，不要過度限定社會主義文化的面貌。

　　我們應該接受社會主義的文化普羅透斯般的特點，即它可以呈現出多樣的面貌。只有在關注特定支流時，我們才能更精確地描述其文化特徵。但整個社會主義大族中的任何一個分支，都可能成為我們所遇到的樣貌。

　　因此，我們必須在尋找社會主義文化平衡與多樣性之間找到恰當的平衡點。既不能死守單一的文化形態，也不能放棄對其趨勢的合理探索。只有這樣，我們才能更全面地理解社會主義的文化意涵，並為之建構一個更加豐富多彩的未來。

社會主義經濟的純理論

　　首先，我們必須弄清楚社會主義經濟的純邏輯性是否存在錯誤。這是因為，雖然一個健康的邏輯證明本身並不能使任何人相信社會主義，也無法證明社會主義是真正可行的計畫，但邏輯的不健全，甚至試圖證明其邏輯健全的失敗，其本身就足以判定它有固有的荒謬性。

　　我們的問題可以歸結為：假設社會主義制度，它是否可能根據其資料和合理行為規律，做出生產什麼和如何生產的獨一無二的決策？它是否可能編制出獨立、一致（沒有矛盾）、且足夠數量來決定中央局或生產部門所面臨問題未知數的方程式？

　　答案是肯定的，社會主義的純邏輯性並沒有錯誤。這是顯而易見的，如果不是因為它經常被否定，以及正統社會主義者在具有強烈資產階級觀點和感情的經濟學家那裡學到本領之前，提不出令人信服的科學答案，我本不會堅持要說這一點。

　　唯一論證社會主義純邏輯性錯誤的是 L・馮・米塞斯教授，他認為合理經濟行為必須有合理的成本計算，因此需要有成本要素的價格和定價的市場，在社會主義社會中沒有這樣的市場，就不存在合理生產的指標，因此社會主義制度（如果能運作的話）不得不以盲目的方式運作。對於這種批評，社會主義正統派一開始沒有提出太多反對意見，只能爭辯說，社會主義管理部門能夠利用從資本主義發展而來的價值體系，或者能夠完全摒棄類似成本合理化這樣的資本主義做法。

　　實際上，巴羅恩已經為我們提供了一個嚴密的解決方案。在社會主義經濟中，生產和分配是不可分割的整體過程，而不是如資本主義經濟中那樣互相影響的兩個不同方面。關鍵在於，社會主義經濟中沒有生產

方式的市場價值，分配也不再遵循資本主義的自動機制，而是由政治行動（國家憲法）來決定。因此，分配成為一種與生產完全分離的工作，它反過來又會對經濟和文化特徵產生影響。

接下來我們假設一個特殊的例子：社會主義國家採取徹底的平等主義，但同時給予同志們自由在生產的各種消費品中根據喜好進行選擇。我們進一步假設，這種平等主義透過發放憑證的方式實現，每個人（除一些特殊情況外）獲得一定數量的消費券。生產部門不必固定個別商品的「價格」，而是根據同志們的反應，確定他們願意以何種「價格」購買除了沒有人想要的商品外的全部社會產品。這樣一來，平等分配的原則就得以很好地實現。

在社會主義經濟中，每個行業部門都有明確的任務和責任。就像今天的競爭性行業，只要掌握了技術可能性、消費者偏好及成本價格資料，企業就能確定生產什麼、生產多少以及如何生產。在社會主義國家，行業經理部門只要獲知中央局公布的「價格」資料和消費者的「需求」，就能確定生產內容、數量和採購生產要素。這些「價格」與消費品價格有所不同，是由中央局單方面制定的。但我們也可以說，這些行業經理的「需求」表述，很類似於消費者對消費品的需求表述。

為使整個社會主義經濟計畫合理有效運轉，關鍵在於中央局的定價行為符合一定規律。中央局應當為每種類別和品質的生產要素確定單一價格，使供需達到平衡，既不會積壓滯銷，也不會短缺供給。遵循這一規律，不僅能保證成本會計的合理性，更能保證生產要素的經濟合理分配，從而使整個社會主義計畫具有內在的合理性。

當然，如果考慮到經濟發展和技術進步帶來的變化，社會主義經濟也需要有相應的調整機制。假設某行業開發了更高效的生產設備，那麼

相應的行業管理部門就會採用新設備，以較少的生產要素產出同樣的產品。這樣，它上交給中央局的「消費者美元」就會少於從消費者處獲得的收入，形成了一筆「利潤」。

這種「利潤」的存在，為社會主義經濟的動態調整提供了可能。中央局和相關部門可以根據這些「利潤」，決定是否投入額外的生產要素或投資，推動新的生產技術的應用。當然，這需要在個人消費水準、工作時間等方面做出一些調整，以確保整個社會主義計畫的協調性。

整體而言，社會主義經濟的合理性在於其內在的制度安排。透過中央局的定價和生產計畫，以及行業管理部門的配合，可以實現生產要素的合理分配。同時，適當的動態調整機制，也能確保社會主義經濟隨著進步不斷最佳化，維持長期的健康發展。

儘管社會主義經濟和資本主義經濟在很多方面有所不同，但它們之間也存在著一些關鍵的相似之處。這些相似性並非不值得注意，反而可以幫助我們更容易理解二者的內在邏輯。

首先，無論是社會主義還是資本主義，它們在運作過程中都離不開一些基本的經濟概念和機制，如市場、價格、成本、收入等。即使這些術語本源於資本主義體系，但在社會主義經濟中也同樣適用。這並非意味著社會主義在根本上借鑑了資本主義，而是因為任何一個合理化的經濟行為模式，都必然會表現出某些共通的理性特徵。

再者，即使社會主義希望徹底取消資本主義中的諸如地租、利潤、利息等要素，但事實上它們在社會主義體系中也難以完全消失。因為合理使用和分配社會資源的需求，使得仍需要設法量化和記錄這些要素。這不是資本主義的遺產，而是任何理性經濟活動的必然產物。

此外，一些社會主義者甚至主張，社會主義經濟可以透過完全競爭

社會主義的不確定性

的機制達成其理想目標,這與資本主義的經濟邏輯十分相似。這種觀點雖然也有其合理性,但同時也遭到了批評,因為社會主義並非簡單地實現完全競爭,而是要創造一種全新的經濟形態。

總之,儘管社會主義和資本主義存在根本差異,但它們在某些基本的經濟行為模式上卻存在一些驚人的相似之處。這反映出了理性經濟的共同邏輯,也表示了社會主義無法完全脫離資本主義思考模式。正是在這些相似性的基礎上,社會主義與資本主義的關係及差異才得以更容易理解和掌握。

社會主義經濟的可能性

在完全競爭的理想型中,企業只是市場中的一滴水,被動接受價格的制約。但在決定收入形式、工業領導人的選擇、創造性和責任心的分派、成功與失敗的定義等諸原則中,這個藍圖與現實的競爭資本主義卻大相逕庭。雖然有人指責社會主義藍圖借鑑於商業主義,但事實並非如此簡單。

建構一個成功的社會主義經濟體系需要克服兩大障礙:其一是理論上的可能性,另一是實際的可行性。對於前者,我們已經證明了社會主義經濟的邏輯可能性。透過中央規劃和權威估價,可以確定各類消費品的重要性,並按此進行生產。所有的經濟概念和計算工具依舊適用,只是失去了與可自由支配收入的緊密連繫。

至於實際的可行性,我們也有理由樂觀。現代社會條件要求存在一個龐大的官僚機構來管理社會主義經濟,這並非什麼新鮮事物。這個機構掌握大量資訊,完全有能力從一開始就接近正確的產量水準,並透過

反覆試驗進行適當調整。相比之下，資本主義企業經營中面臨的諸多不確定性因素（如競爭者反應、整體形勢變化等）在社會主義中將大幅減少。換言之，社會主義經濟管理所需的知識，比引導一家重要公司度過資本主義風浪要小得多。

因此，我們有理由相信，只要克服了心理障礙，社會主義經濟的理論與實踐是完全可行的。它不僅能保證合理性和確定性，還將大大減輕經營管理的負擔。社會主義的真正前景，也許恰恰在於能否開創一種全新的人類文化形式。

1920年代，一些經濟學家就已經為解決社會主義經濟計畫的問題提出了見解。其中包括F·馮·維塞爾、帕雷托等著名學者。然而，巴羅恩是最早提出具體解決方案的人，他在1908年發表的論文中詳細論述了集體主義國家的生產計畫問題。

此後，一些重要理論作品陸續問世，如弗雷德·M·泰勒的《社會主義國家的生產指引》、K·蒂施的《社會主義集體經濟的經濟計畫和分配》、H·查森豪斯的《計畫經濟理論》，以及奧斯卡·朗格的《論社會主義經濟理論》等。這些學者對社會主義經濟理論做出了重要貢獻，值得我們關注。

當然，對於這些理論觀點，可能會有不同看法。但我認為，過於注重措辭的正確性反而會導致累贅和無益。重要的是要掌握住這些理論的核心要義。

值得一提的是，A·P·勒納教授在《經濟研究評論》上發表的多篇論文也值得一讀，因為他強調了一個重要原則：在價格等於每單位總成本的原則與選擇邏輯產生的原則發生矛盾時，後者應該得到優先考慮。這一觀點值得進一步探討和闡明。

社會主義的不確定性

　　另外，對於邊際成本的概念也需要澄清。邊際成本並非等同於直接成本，而是隨著時間範圍的不同而有所不同。只有從長期看，所有成本要素都應算入邊際成本之中。這一觀點有助於我們正確理解計畫經濟中的價格制定原則。

　　整體而言，社會主義經濟計畫理論的發展是漸進的，涉及多個重要觀點。我們需要對這些理論保持開放的態度，並努力推進對它們的深入研究和理解。

社會主義與資本主義的文化比較

　　在比較社會主義與資本主義兩種社會制度時，我們必須謹慎行事，不能簡單地把現實中的一個制度與理想中的另一個制度相比。因為社會主義在實踐中所呈現的樣貌，並不一定完全符合理想主義者的設想。同時，對資本主義社會的某些成就也不應輕易忽視。

　　我們首先要了解到，不同的社會文化是難以相互比較的，它們都有自成一體的特點。但是，有一個論點值得我們探討，即社會主義計畫能否真正解除個人經濟困難，從而釋放更多文化創造力。這在某種程度上是正確的，因為任何「有計畫」的社會都有可能實現這一點。但同時，過度的計畫管制也可能阻礙文化發展。

　　在發掘和培養人才方面，有人認為社會主義政府可能比資本主義社會更有優勢。但這種觀點並不完全正確。因為政府只需要為人才創造基本的生活保障和合理的工作條件，就足以為創造性才能提供必要的發展機會。資本主義社會實際上也已經在這方面獲得了一定成果。

　　現代資本主義不僅在早期就有系統地提供各種人才發展的方式，而

且其自身的結構規律也傾向於推動有才能的個人向上流動，使有能力的家族更有效地實現社會地位的提升。雖然也可能出現某些社會損失，特別是對一些不太穩定的天才而言，但這種損失應該是有限的。

總之，在比較社會主義和資本主義兩種社會制度時，我們應該全面認識它們各自的特點和優缺點，避免被理想主義所矇蔽，而是以客觀的態度來進行分析和評判。

社會主義面臨的文化效應評析

我深知讀者期望我對社會主義計畫作一次比較性的評價，但我必須謹慎行事。將我們生活的現實制度與一個只存在於想像中的理想制度相比，的確是極度危險的。然而，只要我們嚴格限定目標，坦然承認存在的困難和陷阱，我相信仍有成功的機會。

特別是我們不應妄圖比較商業社會和社會主義社會這兩種截然不同的文化世界。社會主義文化的不確定性本身就足以阻礙這種企圖。即使社會主義文化只指一個明確的模式，比較性的評價仍然存在重重疑慮。有些理想主義者和偏執者，會盲目地以某種特徵作為比較標準，卻忽視了文化的整體性。只有當我們決心比那些做得更好，並盡量洞察文明的各個層面時，我們才會發現，每個文化都是獨特的，無法與他者相提並論。

我們繼續討論經濟層面的比較，雖然我之前已表達，我並不認為經濟問題最為重要。我們的討論範圍有限，目前只集中在藍圖的初步階段，錯誤的風險也最小。我們暫時假設過渡的困難已成功克服，只須關注社會主義與現實資本主義的經濟效率。

要證明社會主義在經濟效率上優於競爭性資本主義並非難事，因為

社會主義的不確定性

資本主義已演變為壟斷資本主義，其效率遠勝於過去的小企業時代。統計資料已明確記錄了這一點。從理論上解釋，這是由於企業規模不斷擴大所致，這在相當程度上是促成這一成就的條件。因此，純競爭性資本主義如何運作已經不再重要。除非偶爾提及，我們無須在此贅述競爭性資本主義的論述。

我們要以生產效率來衡量一個制度的經濟效率。但生產效率的定義並非易事。比較兩種制度的生產效率，必須在同一時間段內比較，同時還須考慮人口的數量、品質、年齡分布等因素。只有在這些條件相同的情況下，我們才有理由認為有較高效率的制度能長期生產更多消費品。

這一定義並未將經濟效率等同於經濟福祉或需求滿足程度。即使在我們看來，任何可想像的社會主義經濟都不如資本主義高效，但大多數人——即社會主義者關注的對象——在社會主義中可能會「生活更好」、「更快樂」或「更滿意」。這是值得考慮的。即使在這些情況下，相對效率仍具有獨立意義，必須被慎重地思考。

此外，如果社會主義制度恰好符合人們的道德原則，如平等主義，那麼這一事實及隨之而來的正義感，當然也是該制度優越性的一部分。這種道德忠誠對於制度的運作至關重要，其重要性在未來還需要進一步評估。

不過，我們都應該承認，我們關於正義等概念，主要只是在表達我們是否喜歡某種社會形式的言語。但是，似乎存在一種支持平等社會主義或任何允許較大收入平等的社會主義的純經濟論點。這種論點認為，只要平均分配，一定量的消費品存量就能產生最大滿足。然而，這一論點容易受到我們對壟斷主義實際做法分析結果的反對。問題不在於如何分配，而在於社會主義生產機器的效率是否至少能接近資本主義經濟。

只有當這一點得到合理肯定,分配論點才具有決定性。

　　最後,即使生產效率相同,社會主義與資本主義社會在福祉水準上也可能存在差異。這是因為社會主義社會可能會更節約地利用資源,用於和平主義、無神論等目的,從而建立更多醫院等設施。但是,這種差異不能普遍歸因於社會主義,

　　我們在評斷社會主義和資本主義的優劣時,必須考慮更廣泛的因素。表面上看似資本主義制度的缺陷,實際上可能是其創造性破壞過程中執行重要功能的副產品。許多被視為病理現象的,其實是生理現象的一部分。此外,浪費行為往往會有補償作用,因此我們不能簡單地下定論。

　　即使資本主義在理論上存在某些問題,如定價和產量的不確定性,但要在實際中徹底解決這些問題,資本主義經濟仍然比社會主義經濟容易得多。資本主義經濟中無窮無盡的運動和反運動是必然的,決策必定在不確定的環境中作出,這使得行動遲緩拖宕。而在社會主義經濟中,不存在那樣的決策和行動,也不存在那樣的不確定性。

　　此外,在資本主義制度下,對於給定資料的合理或理想生產問題,其確定解決方案,以及任何能縮短、暢通和保護通向獲得解決辦法的道路的措施,都能節省人力和物資,降低獲得一定成果的成本。除非這樣節省下來的資源被完全浪費,否則效率必然提高。

　　因此,雖然資本主義制度下存在某些表面問題,但往往這些問題並非缺陷,而是創造性發展的必然結果。相比之下,社會主義制度能更有效地解決這些問題,提高整體效率。這是支持社會主義藍圖優越的重要原因。

社會主義的不確定性

社會主義藍圖的邏輯與優勢

　　資本主義企業雖然擁有許多調節器，但進度計畫、新風險投資的系統協調和有秩序分配，在防止資金過度充塞或貧乏所引發的週期性波動上，要遠勝過任何利率的自動或人工調控。事實上，這些措施可以消除週期性上升和下降的根源，在資本主義制度中則僅能緩和波動的程度。

　　在資本主義中，設備淘汰意味著暫時性的癱瘓和損失，部分功能喪失。而在社會主義中，「淘汰過時裝置」僅是事先制定全面計畫，將未過時的部件移作他用。例如棉紡業危機，在資本主義可能使住宅建設停工，但在社會主義中則可快速調整棉織品生產，反而成為加快住宅建設的契機。社會主義經理部門能以較少騷亂和損失達到目標，不會對計畫進度造成不利影響。

　　我們可以說，社會主義就是在大企業資本主義的基礎上邁出更進一步的超越。大企業資本主義已證明其類似於競爭性資本主義的特徵，而社會主義經理部門則能展現其在邏輯和效率上的優越性。

　　當然，社會主義的實現仍有諸多客觀困難。但就其藍圖的邏輯而言，社會主義確實根據較高的合理水準而制定，這是不可否認的。就像農民對豬週期的合理反應，或企業在不同市況中採取相應策略，社會主義計畫同樣擁有其合理性，只是範圍和性質有所不同。

　　在資本主義制度下，企業裡常見的改進需要耗費大量時間和面對重重阻力才能推廣。然而，在社會主義體系中，理論上每項新進步都能透過法令迅速推廣，低效率的做法也能很快被取代。這固然可視為一小優勢，但正如我所言，真正將其落實到實際運作並非易事。

　　要知道，即使在成功的企業中，經理或業主也很難十全十美地勝任

各項工作。效率專家的報告就證實了這一點──企業領導者往往未能完全履行職責。在社會主義經濟中，我們能夠將這些人合理安排在他們最精通的職位上，發揮所長。雖然不能對此寄予厚望，但這仍是一大優勢。

更重要的是，資本主義社會的一大特徵在於私人領域和公有領域的明確劃分。這兩個領域通常由不同的人根據不同的、常相互矛盾的原則進行管理，必然產生摩擦和對抗。而在社會主義體系中，這種對抗和因之而生的龐大成本都能完全避免。

除此之外，在資本主義下，許多優秀人才被迫投身於維護企業利益的非生產性法律活動中，這對社會發展無疑是一大損失。然而在社會主義社會裡，這類活動將不復存在，那些寶貴的智力資源將可得以更好地運用。

整體而言，儘管社會主義計畫看似缺乏合理性，但它仍隱藏著不少潛在優勢。只要能夠妥善落實，這些優勢或許能為社會發展帶來重大利益。

私人領域和公有領域之間長期存在著不可調和的矛盾。自從王公的封建收入不再占主導地位，政府就不得不依賴來自私人領域的收入來維持運轉。一方面，稅收是現代政府的基石，另一方面它又不可避免地對生產過程造成損害。

直到 1914 年之前，這種損害還相對有限。但此後，隨著稅收的逐步攀升，成為企業和家庭預算中最重大的開銷，它也成為造成經濟成就不佳的主要因素。為了從不願繳納的納稅人那裡榨取越來越多的稅收，龐大的行政機構應運而生，它們不得不與資產階級進行一場又一場的零和賽局。資產階級為自保而發展的防護機制，不得不與這股強大的政

社會主義的不確定性

治力量抗衡。這種由社會結構性矛盾所造成的經濟浪費，無疑是令人沮喪的。

資本主義依賴利潤原則來維繫其日常運轉，卻又拒絕讓這一原則占據主導地位。而在社會主義社會中，這種根本性的矛盾並不存在，因為稅收和國家機器將一起消亡。作為社會主義的擁護者，我們理應意識到這一突出的優勢，並據此支持我們的理想藍圖。

社會主義的優劣之爭

我們之前提到，從長期觀點來看，將這些關鍵字插入正文是有其道理的。事實上，我們有時為了成為社會主義社會的成員而被引導忽視了社會主義計畫的缺點。這個論點表達了真正社會主義者的心聲，雖然聽起來可能有些極端，但卻並非完全沒有道理。它使其他所有論點顯得多餘。

我們捨棄的論點可能認為，在其他條件相同的情況下，社會主義的最高效率要高於競爭經濟的最高效率。但由於這兩種最高效率都具有純形式的性質，比較它們並不能解決什麼實質性問題，在前面的討論中已經很明確了。

美國是實施這個效率測試條件最好的國家。而大多數歐洲國家情況相對複雜一些，因為那裡的高收入往往源於前資本主義時期，在資本主義發展中有所增加。正如美國消費能力研究所的研究所示，這些資料可能過於粗糙，包括了職業收入、投資收入以及出售財產和住房的收入。

社會主義當局如何處理這些儲蓄和捐贈並不影響這個論點。需要注

意的是，純粹由投資利潤組成的收入並不代表收入者在經濟上無所事事，因為他的工作可能展現在投資活動中。我們可以把這種收入視為一種特殊形式的薪資報酬。

總而言之，社會主義與競爭經濟的比較是一個複雜的議題，需要深入分析各自的特點和優劣。我們要避免被單一的理念所局限，而要以客觀、全面的視角來審視這個問題。

以人性出發的社會主義藍圖

我能夠理解那些反對社會主義的人提出的質疑。他們擔心，如果沒有神靈指引和天使來管理，人性的弱點必定會導致社會主義制度無法順利運轉。他們認為，相較之下，資本主義體系雖然並非完美，但卻是最切合人性的實際安排。

我承認，這確實是一個值得考慮的觀點。我們不能忽視人性中存在的自私、懶惰等弱點，如果一味追求理想卻忽略了現實因素，恐怕最終只會導致失敗。但同時，我也希望大家能更進一步思考，是否真的沒有其他可行的方案。

我認為，關鍵在於如何設計一個能夠充分發揮人性中美好品質的社會主義制度。也許我們不能完全根除人性中的弱點，但我們完全可以設法減少其影響，並最大化人性中的正面因素。比如，制定合理的激勵機制，既能滿足個人的需求，又能符合社會整體利益；建立有效的監督體系，確保公平公正得以實現；營造良好的社會環境，培養公民的集體意識和責任心。總之，只要我們能夠充分尊重人性，並設計出切合實際的

社會主義的不確定性

制度安排，社會主義理想照樣可以成為現實。

我相信，只要我們能夠以開放和包容的態度去思考問題，定能找到一條兼顧理想和現實的道路。讓我們一起努力，共同建設一個更美好的社會吧。

巧用歷史比擬，論證論證的相對性

現代人很容易將自己的價值觀及判斷標準強加到過去的歷史事物之上，產生誤解。就如在封建時代，許多現在視為政府職能的事務，當時卻被視為私人所有的東西和私人收入來源。一位騎士或領主持有采邑，不是因為他有出色的政績，而只是因為他擁有這項權利。在當時的環境下，這種制度是合適的，是履行公共職能的唯一方式。

如果十四世紀的馬克思鼓吹另一種政府行政方法，必定會遭到強烈反對，因為這樣的制度被視為可貴、不可或缺。同樣，在十九世紀英國資本主義高峰期，社會主義還不是實際的選項，任何明智的社會主義者都不會認為它可行。那些被認為愚蠢的想法，在其時代背景下卻是不可否認的真理。

我們不應盲目地嘲笑過去的觀點，而是要理解它們在當時的正當性。只有理解了歷史背景，才能真正地批評和反思某些主張，找出它們現在的合理性或局限性。只有這樣，我們才能更好地比較資本主義和社會主義的實現可能性，而不是過於主觀地下斷語。我們必須設身處地思考，某種制度在特定時代的合理性，而不是輕易地貼上「積弊」的標籤。歷史的相對性是理解社會問題的關鍵。

一見就知道的事實

歷史中,許多我們現在視為「積弊」的事物,在當時卻是最適當的制度運作方式。就像封建社會中,很多政府職能被視為某個上級長官的私人獎賞,而不是公共事務。如果有人試圖推行其他政府行政方式,必定會遭到強烈反對,因為這種制度在當時環境下是唯一合適的。

同樣地,在19世紀英國資本主義繁榮時期,社會主義並不是實際可行的選擇。當時資產階級理所當然地認為,追求利潤動機是政府管理的不可或缺要素。而那些被嘲笑為「空話」的想法,在適當的歷史背景中其實也有其正當性。

我們談論任何制度或思想的優劣,都必須將其放置在正確的歷史語境中去理解。相對論的知識有助於我們了解到事物的相對性,而不是簡單地用現在的視角去批評過去。如此,我們才能更客觀地分析各種制度和理論在不同時代的合理性,而不是片面地嘲笑或否定它們。這種認知,正是明智之人應有的見地。

在討論社會主義建設中的人的因素時,我們不必對神人和天使長等概念過多著墨。即使在社會主義過渡時期解決問題相對容易,也無須依賴這類神祕力量的指引。關鍵在於善用現有的人性特點,而無須全面改造人性。

我們可以將人的特質分為三類:第一,受環境影響而改變的習性。第二,根本模式下暫時的抗拒和適應困難。第三,可以透過改造而改變的根本模式。對於前兩類,只須依據實際情況進行改革和適應引導即可,並不需要對人的靈魂進行根本重塑。至於第三類,人性的可塑性值得深入研究,但無須在理論上對其做出絕對的肯定或否定。

在具體實施社會主義政策時,我們也無須對整個勞動者階層的心理

社會主義的不確定性

狀態和生活方式進行全面改造。在農業生產領域，只須與既有的生產模式保持基本連續性，透過提供必要的生產資料和合理的價格政策即可。對於工人和職員而言，只要在工作中維持原有的工作態度和生活習慣，社會主義建設就可以平穩推進，無須經歷煎熬的靈魂改造。

總之，社會主義建設應以尊重人性、最大限度發揮現有優勢為宗旨，而非試圖徹底顛覆人性。只有在此基礎上，社會主義事業才能穩健發展，造福人群。

在社會主義制度下，資產階級之所以成為「犧牲品」，並非因為他們自身有什麼問題，而是因為一種迷信般的「神聖教義」在作祟。這種教義認為，資產階級不過是些「餵得過飽的吃人的野獸」，他們的地位僅靠運氣和殘忍，他們所從事的工作也都是一團糟。根據這種觀點，社會主義社會只須將這些人趕出現有地位，就可以迎來順遂發展。

然而，一個真正有教養的社會主義者應該以開放和理性的態度看待資產階級。事實上，資產階級在過去和現在的文化成就、經濟成就都發揮著關鍵作用。他們所依賴的獎懲制度，也是社會主義必須保留的重要機制。因此，問題的關鍵在於，如何善用資產階級所擁有的優質人才和獨特效率，將其轉化為社會主義事業的動力。

一方面，應該慎重考慮如何將資產階級的財富融入社會主義建設。另一方面，那些過去由資產階級履行的重要職能，也需要找到適當的承接者或方式加以繼承。這需要社會主義者們戰勝一時的情緒，以更加開放和理性的態度，認真思考這一問題的本質。

只有這樣，我們才能真正實現社會主義的根本價值，最大化社會整體效益，而不是盲目地將資產階級視為需要消滅的對象。社會主義的成敗，與是否善用資產階級所蘊含的優質資源，存在著密切的因果關係。這是一個值得深入探討的重要議題。

人才利用與官僚問題的平衡

　　社會主義政權必須合理利用資產階級人才，這無疑是一個最為棘手的課題。在與社會主義者的對話中，我時常感到他們對此存有偏見和懷疑。他們天真地將社會主義的到來等同於自己獲得掌權，認為撤換現有的管理層就是實現社會主義的重要一環。

　　然而，問題的解決卻需要允許資產階級人才繼續發揮他們的專長和傳統優勢。選拔管理者時應以勝任力為準則，不應因其階級背景而歧視。這不僅可行，有時甚至比資本主義時期的管理方式更為優越。

　　當然，單純任命他們並不足夠，還必須賦予其在職責範疇內的自主權。這就引發了官僚化的問題，這也是許多反社會主義者的攻擊焦點。我難以想像在現代條件下社會主義組織能採取不形成龐大官僚機構的任何形式。

　　這種官僚化固然令人不安，但卻是經濟發展的必然補充，在社會主義國家更是如此。我們必須正視官僚化的不可避免性，同時努力化解其所帶來的問題。這需要在人才利用和官僚管控之間維持微妙的平衡。只有如此，社會主義國家才能在現代條件下健康發展。

　　社會主義國家在建設新的社會秩序時，必須正視人性的複雜性。單單依靠道德教育和利他主義的責任感是不現實的，相反我們需要以更周到的方式引導人們的自我利益，使之為社會服務。

　　首先我們要認清，即使是最崇高的理想主義者，也難免受到個人虛榮心和私利的影響。這並非是資本主義制度的弊病所致，而是人性中根深蒂固的一部分。我們不能簡單地斥責這些情感，而是要設法加以引導。

　　官僚體系雖然也有不足之處，但其人才選拔和晉升的機制並非全無

社會主義的不確定性

道理。我們應善用這套制度，適當地安排和改造資產階級分子在新體系中的角色，幫助他們思想上接受社會主義秩序。只要給予合理的待遇和尊重，他們完全有能力為社會主義事業作出貢獻。

相比起死板的政治考核，我們更應該注重滿足個人的精神慰藉。工作成就感、社會地位等這些都能成為有益的激勵因素。只要合理地運用，就能充分激發每個人的主觀能動性，使之為共同的理想而努力。

總之，我們應該以更具人性化的方式來建設新的社會主義體系。只有這樣，我們才能夠凝聚各方力量，共同推進社會主義事業的不斷前進。

在資本主義社會中，個人表現和社會聲望往往與經濟價值掛鉤。金錢收益被視為成功的典型象徵，因為大部分構成社會地位的東西——尤其是那些最微妙的經濟利益，如社會身分——都需要購買才能獲得。這種私人財富的聲望和特殊價值，當然一直是經濟學家所關注的重點。

然而，資本主義的發展本身卻傾向於削弱其他動機，同時也削弱了人們對財富的欲望。因此，社會主義可能不需要像一百年前那樣，對當今最高階層人士的生命價值做如此深入的評估。

更重要的是，與其他動機不同，聲望動機更容易透過簡單的條件改變來塑造。給予具有重大成就者一些象徵性的特權，就可能使他們感到如同獲得了一大筆收入那般滿足。這並非不合理，因為只要這些特權能足夠影響周圍環境，使別人另眼相看，就能為他們帶來各種好處，這也正是他們現在珍視一年收入一百萬的本源。

我們不妨適度地優待那些作出非凡成就的人，因為這不僅是合理的待遇，也可以激發積極性。但這必須在保證社會公平和人性化的前提下進行。畢竟，社會主義應該超越單純的物質激勵，追求更高的價值和意義。

名義收入下降時代的新型補償

在這個名義收入水準不斷下降的時代，我們必須正視這個現象的潛在影響，並設法尋找恰當的補償措施。表面上看似平凡的現金收入並非判斷個人社會地位和生活水準的全部依據。事實上，隨著簡樸思想的日益流行，許多高收入階層的人正逐漸失去對奢華生活方式的嚮往，這也意味著他們對維持過去收入水準的動力正在減弱。

為此，我們必須設法為他們尋找新的補償方式。在資本主義國家，早已出現了一些相關的制度安排，而在俄國更是有了極大的發展。這些新型補償的本質，就是在薄薄的現金薪酬之外，給予各種實物利益和特殊供給，以彌補他們在金錢收入上的損失。比如，許多高階官員的基本薪資可能相當微薄，但卻享有豪華的官邸住宿、免費招待津貼、使用旗艦遊艇等各種補償。甚至在某些情況下，這些補償幾乎完全彌補了他們的現金薪酬短缺。

這種以實物利益取代金錢收入的補償模式，有其合理性和必要性。一方面，它緩解了高收入者因名義收入下降而產生的焦慮和損失感；另一方面，它也增強了他們對政權的忠誠度和向心力。從長遠來看，這種新型補償有助於社會穩定，有助於緩解因貧富懸殊加劇而可能引發的社會衝突。

因此，我認為在這個日益簡樸化的時代，我們應該大膽地探索新的補償方式，在保證基本生活水準的前提下，更多地向高收入階層提供實物利益，以維護他們的社會地位，並鞏固他們對現有制度的支持。只有這樣，我們才能確保社會的長期穩定與繁榮。

◆ 社會主義的不確定性

社會主義制度下的節約與紀律

在社會主義政權接手資產階級所履行的職能時，節約和紀律將會如何轉變？

首先，節約的問題並非完全不需要考慮。雖然中央當局能夠透過直接配置部分國家資源來達到類似的效果，但在較為進步的經濟發展階段，不強制實行嚴格的「禁慾」也可能就足夠了。重要的是要根據不同形勢採取合適的社會主義措施，而不是簡單地推行理想化的「田園式」社會主義。

至於紀律問題，在資本主義體系下，商業社會利用私有財產和「自由」契約制度使雇員隸屬於資產階級雇主，服務於資本家的私人利益。但在社會主義制度下，這種社會利益是否依然存在？以及社會主義計畫能否提供所需的權威性紀律？

首先，社會主義制度將得到人們越來越不願給予資本主義的忠誠，使工人對待工作的態度更為健康。同時，社會主義制度能更清晰地顯示經濟現象的本質，而不是被利潤利益的表面遮蓋。每個同志都應該更容易理解工作中的意義，而不是盲目地進行罷工等反社會行為。

簡而言之，在社會主義制度下，既有的節約和紀律模式都需要根據新的條件進行適當調整。這不僅需要消除資產階級的既得利益，更需要喚起每個同志對社會主義事業的真誠擁護和自覺責任心。只有這樣，社會主義國家的經濟建設和社會管理才能更加順利有效。

社會主義下的紀律挑戰

我們從前述事實中得出一個結論,即在社會主義社會中,應該能有更多的自我紀律和集體紀律,相比之下不需要那麼多的權威性紀律。這兩個事實還告訴我們,如果需要,權威性地執行紀律將是輕而易舉的工作。

然而,要相信社會主義能夠省卻權威性紀律,仍需要提出若干理由。首先,自我紀律和集體紀律在相當程度上是過去訓練的結果,若訓練中斷很長時間,這種紀律很可能會消失殆盡,與社會主義制度本身是否提供了維持所需行為模式的理由無關。這些理由可能會引導個人或集體的理性思考和道德承諾,但更重要的是能引導服從訓練和制度限制。

其次,社會主義制度可能會消除一些求生存的動機壓力,這些動機是資本主義社會中自我紀律的主要驅動力。此外,對於表現低於正常水準的個體,單靠集體紀律很難完全管控,還是需要依賴某種權威性紀律機制。

第三,雖然社會主義可能會消除一部分既得利益集團,但製造麻煩和破壞工作的冒險分子仍可能存在。此外,意識形態和利益衝突在社會主義社會中依然會出現,可能引發大量爭論,需要權威予以調控。

因此,與資本主義相比,社會主義確實可能在某些方面減少權威性紀律的需求,但要完全省卻,恐怕還是存在一定困難。我們必須清醒地了解到,社會主義制度能否有效應對上述挑戰,關鍵在於其建設和執行的能力。

社會主義的不確定性

社會主義勞動紀律的優勢

資產階級逐漸失去了維持工廠紀律的優勢。隨著社會的進步，他們失去了政治上的主導權，不再能夠依賴外部力量來管控勞動者。與此同時，過去工人違反紀律時得到的社會同情也逐漸消失。政府的態度也從支持雇主轉變為中立，甚至最終傾向於支持工人權利，認為工人是平等的合作夥伴。

這種社會氣氛的變遷，意味著資本主義管理層面臨著嚴峻的紀律挑戰。相比之下，社會主義管理層擁有更多維持紀律的方法。首先，它擁有更多實施權威性紀律的工具，比如以剝奪生活資料的方式威脅工人，而不僅僅是開除這一單一方法。此外，溫和的勸告和其他制裁方式在新的社會中也能發揮作用。

其次，社會主義管理層實施權威性紀律會更加容易。沒有政府的干預，輿論也不會支持被視為「準犯罪」的行為，如罷工等。相反，工人的任何抗爭將等同於叛亂，受到強烈的譴責。

最後，社會主義當權集團比資本主義政府有更大的動機來維護工廠紀律。它不會像現在的政府一樣，對生產經營責任心不強，經常吹毛求疵。取而代之的是強烈的動機去維護經濟機器的正常運轉，因為這等同於維護政權本身的利益。所以，社會主義管理層的紀律優勢是強大的。

蘇聯的工會歷經了革命洗禮後，從反對階級壓迫的鬥士轉變為政權的工具。這種蛻變過程不僅展現了政治權力在社會中的滲透與控制，也呈現出工人階級在革命後遭受的新形式的剝削與壓制。

革命初期，工人委員會和工會在推進新秩序的過程中發揮了重要作用。但隨著布爾什維克政權的鞏固，工會的自主性和集體利益的代表性日益被削弱。到了 1920 年代末，工會已被徹底改造，成為推動政權意志的工具。

工會不再反對工業化帶來的苦楚，反而主動配合延長工時、降低報酬等舉措。他們取消了平等薪資的原則，支持各種獎勵機制，甚至與管理層合作打壓怠工分子。工會的態度與資本主義國家的工會如出一轍，引起西方工黨人的強烈反對。

這充分說明了，在革命勝利之後，政治權力是如何滲透到社會的各個層面，徹底改變了原有的階級關係和權力平衡。工會從階級鬥爭的前線被變成了維護統治秩序的工具。這種蛻變雖然符合布爾什維克的政治需求，卻違背了革命的初衷，也遭到了批評者的質疑。

可以說，這些變化反映了社會主義建設道路上的重重困境和反覆，也折射出無產階級在革命後仍面臨的新形式剝削和壓迫。對於如何在政治權力的限制下維護工人利益，這無疑是一個值得深思的歷史課題。

當代工人對於自身工作的態度似乎存在著一些問題。但這並非出自於工人本身，而是由於他們受到了外部環境的影響。如果我們能夠不斷地向他們灌輸責任感和工作成就的自豪感，而不是不斷地告訴他們一些相反的觀點，結果勢必大不相同。這一點值得我們深思。

俄國的情況與資本主義國家有所不同。它能夠強制性地將對年輕人的教育和指導融入到自身的目標和結構觀念中，從而大大增強了它營造一種有利於工廠紀律氣氛的能力。顯然，知識分子在這方面沒有太多的干預空間。而且也不存在鼓勵違紀的輿論氛圍。

最後，開除意味著貧困，調動等同於放逐，突擊隊的「訪問」以及紅軍同志的「探視」，無論其法律框架如何，實際上都是政府用以保障工人表現的方法。這些方法被毫無顧忌地使用著，這是普遍承認的事實。即使在資本主義體系下，即使擁有權力的雇主，也很少會想到動用這種殘酷的制裁措施，這對於有些許仁慈心的人來說，都令人深感不安。

社會主義的不確定性

但我們必須承認，這些制裁措施的罪惡內涵並不影響我們的論證。在我試圖探索的範疇內，並不存在什麼罪惡。個人和集體遭受的殘酷，主要是由於局勢的不成熟、國家環境的特點以及統治階層素養的問題。在另一種環境和發展階段，由別的統治集團主導，情況就未必會如此。甚至如果能夠證明根本沒有必要採取任何制裁手段，那就更好了。

關鍵在於，社會主義政權已經實際上能夠培養集體紀律，並強制實施權威性紀律。問題的關鍵在於原則，而不是付諸實踐時的特殊形式。從這個角度來看，與受約束的資本主義相比，社會主義取代者並不顯得有什麼不利的地方。

我們必須再次強調，我們所討論的只是一種可能性問題，它在意義上與我們對藍圖的討論是不同的。為了使這些可能性能得到確認，甚至轉變為現實，需要很多假設。而採取其他假設也同樣合情合理，因為這可能會產生不同的結果。事實上，為了使我們相信社會主義可能遭遇完全的、甚至可笑的失敗，我們只需要假設那種被我定義為田園詩式的社會主義思想會廣泛盛行就可以了。這甚至不是最壞的可能結果。如此明顯以致引人發笑的失敗是可以補救的。更危險和更可能發生的，是政治心理技術能使人民相信其為成功的不太完全的失敗。此外，在經濟機器藍圖和管理制度原則上的偏離，也與商業社會同樣可能出現，而且這樣的偏離證明更加嚴重和更少自我糾正的機會。

時代論爭與理想藍圖

一種思想、圖式、模型或藍圖都展現一種理想，但只在邏輯意義上是如此；這樣的一種理想只意味不存在非本質的東西——我們可以說如

未經摻雜的設計。至於什麼應包括在內，什麼應被看做是偏離，依舊是可以爭論的問題。雖然這點應該是一個分析技術問題，但在理想中還是包含愛憎：社會主義者傾向於把他們認為不好的東西包括到資本主義的藍圖裡，盡可能多的作為它的特性；反社會主義者以同樣的手段對付社會主義的藍圖。

這種立場上的對抗使得理想化的討論常陷入泥淖。即使在任何特定情況下，他們同意把某些現象看做偏差，他們還會依舊不同意他們自己制度所犯偏差和他們對方所犯偏差的程度。資產階級經濟學家傾向於把他們自己不喜歡的任何東西歸咎於「政治干預」，而社會主義者則認為，這些政治是資本主義機器運作方法所造成的資本主義過程和形勢所不可避免的結果。

從歷史的角度觀察，我們不難發現這種理想化和選擇性歸咎的傾向普遍存在於各種社會制度的支持者中。這種對立立場往往遮蔽了現實問題的本質，反而助長了兩方的意識形態對峙。然而，真正的重點不在於指責任何一方的人為偏頗，而是如何超越這種對抗，透過理性分析找到改革的出路。

本書的寫作目的之一，就是希望憑藉專業知識引導讀者躲開那些泥淖，將注意力集中在可以客觀分析的關鍵問題上，以期發現一條通向更美好社會的可行路徑。在此基礎上，我們或許能夠建構一個更加理性而非理想化的藍圖，為人類的發展指引方向。

社會主義過渡中的關鍵問題

過渡從資本主義走向社會主義，無論情況如何，都會引發一些特有問題。這是每個人，特別是社會主義者所公認的。然而，由於資本主義

社會主義的不確定性

發展階段的不同,以及實行社會主義群體能夠並願意使用的方法不同,預期遭遇困難的性質和程度也會大不相同。因此,我們可以設想兩種典型情境,一為成熟社會主義化的情況,一為未成熟社會主義化的情況,以便更好地進行討論。

這兩種情境僅涉及完全發展的和「受束縛的」資本主義,我們不會就資本主義較早階段可能出現或不可能出現的問題浪費篇幅。我將把它們分別稱為成熟社會主義化的事例和未成熟社會主義化的事例。

本書的大部分論證,可以歸結為一個馬克思主義命題:經濟過程趨向於使本身社會主義化,同時也使人的靈魂社會主義化。也就是說,社會主義在技術、組織、商業、行政和心理上的先決條件,正日趨成熟。讓我們再次想像,如果這種趨勢真的實現:除了農業部門,其他產業都由少數官僚化公司控制;進步放緩,變得機械和事先計劃;利率逐步趨向於零,這是由於投資機會減少而非政府壓力;個人與工業財產及其管理無關,只剩下持有股份和債券,企業高階管理者也養成了類似公務員的心理習慣,資本主義的動機和標準全部消失。這清楚顯示,向社會主義政權過渡已是水到渠成的結論。

但有兩點需要特別注意。第一,不同的人,甚至不同的社會主義者,對於實現他們理想中的社會主義狀態的接近程度有不同的評判。這是很自然的,因為資本主義過程中趨向社會主義的步伐很緩慢,不會像交通號誌一樣明確地告訴我們道路已經開放。嚴重的意見分歧可能會加大,因為成熟的條件未必會以同步的步伐進展。第二,即使假定正確的成熟狀態已經到來,過渡仍需要特殊的行動,並且仍會出現許多問題。資本主義過程為社會主義塑造了事物和靈魂,但資本主義制度本身並不會自動變成社會主義制度,還需要透過修憲等形式來實現。實際上,人

們不會等待有限事例的出現，因為實際上的成熟可能在資本主義的利益和態度尚未完全消失之前就到來，這時憲法修正案的通過就不僅僅是形式的問題了，會出現一些抗拒和困難需要克服。

不同的人面臨的前進步伐和對實際達成的判斷並不相同。這是很自然的，因為資本主義的社會主義化程序緩慢行進，不可能有明確的時間表指引。於是，人們對成熟條件的理解不一，意見分歧難免增加。有人可以爭辯說美國的工業結構更接近成熟，但德國在官僚政治和工會建設上具有優勢。除了這些認真分歧，還常有根深蒂固的猜忌，一方不願承認成熟，另一方過度理想主義。

即使成熟真的到來，過渡仍面臨許多問題。資本主義已為社會主義塑造了條件和條件，最後一步只是一個形式問題，但制度轉變不會自動完成，還需要憲法修改等正式步驟。這個過程不會等待完全成熟的時機，畢竟資本主義的利益和態度很難徹底消失。這必然引發某種抵抗和困難需要克服。

在成熟的情況下，社會主義化政策的落實主要分為準備和建制兩個階段。準備階段是自發的適應過程，建制階段才是有目標的立法行動。我們將集中討論後一階段。

在成熟的情況下，抵抗不會很強烈，大多數階級都會配合。透過憲法修改的和平過渡是可能的，不會引發混亂。政府和官僚機構會維護秩序，支持新的立法。雖然仍會有少數人的利益受損，但透過適當的政策安撫和補償，也能順利過渡。激烈的平等主義理想反而會造成混亂。至於資本家利益，也可透過支付股票持有人合理的補償來解決，不會構成過重負擔。整體而言，在成熟條件下，社會主義化的過渡能夠和平、有序地完成。

社會主義的不確定性

社會主義化的危險與挑戰

在不成熟的情況下強行實現社會主義化，無疑會為經濟和社會帶來極大的風險和挑戰。首先，企業家精神和生產效率都將受到相當大的損失。由於工業和商業組織的不健全，大量中小企業尚未完全整合，企業內部的管理體系也未完善，接管和社會主義化這些企業將是一項艱鉅的任務。缺乏經驗的官僚體系和有組織的勞動力，都無法確保這些企業能順利發揮功能，反而可能引發混亂。

此外，即使在短期內掌控了政權，也很難立即對整個經濟體系進行徹底的改革和社會主義化。由於人們的生活習慣和思想觀念根深蒂固，對生產和消費模式的調整需要謹慎，否則可能引發強烈的社會動盪。而且，很多原有的產業結構和技術因素都無法在短時間內徹底改變，盲目的社會主義化只會導致效率下降，甚至造成供給緊缺。

因此，即使在政治上得逞，在經濟和社會層面上也很難立即實現理想藍圖中的卓越成就。相反，可能會遭遇各種意料之外的困難和動盪，最終導致整個制度的崩潰。因此，在條件還不成熟的情況下，貿然強行實現社會主義化是一件極為危險的事情，必須格外謹慎。

大多數人仍以資產階級的方式考慮和認識事物，對社會主義等概念缺乏明確認知。沒有一個真正有效的社會主義政黨，除了抱持史達林主義信念的共產黨外，其他社會主義團體難以獲得廣泛支持。即使社會主義者努力揭示真相，農民仍然對社會主義抱有抗拒情緒。當支持微弱，而且多數支持者的立場不明確時，必然會引發強烈抵抗。

資產階級雖然正日漸失去活力，但仍沒有徹底崩潰。他們將以道德正義為名進行頑強抵抗，並有能力拒絕配合。這種情況顯示，新的社會

制度必須透過革命，甚至是可能的血腥革命來建立，修改現有憲法已經不可能。

當革命人民掌握了政府重要部門，並配置了自己的人馬時，也面臨著新的難題。紅軍雖然強大，足以平定公開抵抗，但如何以合理、人道的方式對待過去的統治階層成員，卻成了嶄新的考驗。新的統治者很難避免使用暴力和殘忍手段來對付自己的對手，但這並非問題的良方。中央局除了抱怨破壞行為，要求更大權力外，該如何有效地治理仍是一大挑戰。

社會革命並非一蹴而就，其過程中充滿無法預料的困境。只有以更高的政治智慧和道德勇氣，才能推動社會真正向前邁進。

在激烈的社會變革中尋求突破的社會主義者，面臨著許多棘手的現實問題。第一步必須是推動通貨膨脹，旨在削弱資產階級的經濟實力，並暫時遏制社會矛盾的爆發。透過銀行控制和發行新貨幣的方式，社會主義政權可以利用通貨膨脹這把「雙面刃」。一方面，它有助於緩解過渡期的群眾怨怒，減輕短期的實際薪資下降帶來的影響；另一方面，它又能以簡單有效的方式剝奪貨幣持有者的財富。與此同時，通貨膨脹也將有力打擊那些暫時保留的私人企業，達到瓦解資產階級社會的目的。

在此基礎上，社會主義化便成為下一項緊迫任務。這裡存在一些爭議，有激進的全面社會化主張，也有漸進的部分社會化主張。縱使前者更能展現社會主義信仰的純粹性，但事實上後者更符合過渡條件的現實需求。政治革命建立社會主義政權後，要面對的並非如資本主義體系內的逐步社會主義化，而是一個更加急遽的轉型過程。雖然可能會出現一些暴力和無秩序的情況，但政權必須強制實施相對有序的社會主義化措施。其中，大企業的全面社會化可以率先展開，而中小型商業則可由中

社會主義的不確定性

央政府彈性操縱。雖然這種做法也符合社會主義化的定義，但必然會與法律連續性產生衝突，並可能導致恐怖統治的出現。

儘管在當前條件下全面建立社會主義似乎不可能，但社會主義政黨仍可從推動現有形勢的發展中得到好處，解除資本主義的束縛，而非更加緊箍。以英國為例，其工商業結構尚未成熟到可以成功實現一次性社會化，但政府已經對重要行業如電力生產實施了領導和控制。同時，英國人民在國家生活中受到了良好的訓練和準備，擁有經驗豐富的官僚體系，以及具有開明思想和適應力的統治階級。這些都為社會主義政策的漸進實施創造了有利條件。因此，社會主義者不應盲目地宣揚革命，而應該審慎地推進符合當前國情的政策改革，為未來的社會主義大變革奠定基礎。

社會主義實踐的挑戰與機遇

在這種條件下，社會化政策由於實行廣泛的國有化綱領，可以想像一方面可以向社會主義邁進一大步，另一方面有可能使不包括在這個綱領內的所有利益集團和活動，無限期地不受觸動和干擾。實際上，這些利益集團和活動可以從現在困擾它們的許多束縛和負擔（財政和其他）中解放出來。以下經濟活動部門可以社會化而不致對留給私人經營的部門產生嚴重的效率損失或受到嚴重的影響。

首先，英國的銀行機構無疑已十分成熟，適合社會化。英格蘭銀行相等於國庫部門，事實上它的獨立性比秩序良好的社會主義社會非常希望它的金融機構具有的獨立性更小。在商業銀行界，集中和官僚機構化看來已做了全部工作，可以建立大康采恩以及吸收儲蓄銀行、建房互助

協會等，使金融服務機構的合理化協調獲得極大的好處。第二，保險業作為老牌的國有化候選人，與社會保險機構的合併可以大大降低保單銷售成本，並使國家掌握保險公司基金的控制權。第三，內陸運輸領域，如鐵路和汽車貨運的國有化，都是國家經營最能成功的領域。

在礦業和電力工業的國有化方面，也可以收到提高效率的直接效果。但同時也要注意到，如果國家要吸收如此大比例的國民經濟生活，同時仍要完成現代國家的全部任務，利潤仍舊是成功的基本條件。在鋼鐵工業社會化這個難題上，可以透過建立大型研究部門，發揮合作帶來的好處，避免喪失企業家幹勁的風險。建築業和建築材料業也能由公營單位成功經營，其所帶來的效率提升或許可以彌補可能出現的損失。

總之，上述七大領域的社會化，足以滿足未來相當長一段時間的需求。只有當國有化工作做得出色，才能獲得非國有化部門的尊重和接受。如果再加上土地國有化，國有化的政策也將更加完整。戰爭確實會改變一切社會、政治和經濟的資料，但為了讓政治思想更清晰，我們需要先脫離戰爭的影響，深入探討社會主義與民主之間的關係。

社會主義的不確定性

民主與社會主義的交織

民主與社會主義的交織

回顧過去 20 多年間的歷史演變，我們不難發現社會主義與民主之間的關係並非表面上那麼簡單明瞭。在 20 世紀初期，大多數人仍認為社會主義與民主是可以和諧共存的。社會主義者甚至自認為是真正的民主主義者，努力以民主價值來提升社會主義的地位。

根據他們的理論，私有制是資產階級剝削勞動者、操縱政治決策的根源，因此，消除私有制將同時實現人民的統治，這充分展現了社會主義與民主的不可分割性。然而，隨著事態的發展，我們不得不正視社會主義本身和民主之間的矛盾。

社會主義者在實現社會主義的過程中，有時並不太注重民主程序，而是毫不掩飾地宣稱要使用暴力和恐怖手段。這無疑會引起民主主義者的擔憂和質疑。我們不得不問，社會主義與民主是否真的天生一對？是否存在一種更現實的理論來解釋二者之間的關係？

要回答這些疑問，我們不僅需要深入探討社會主義者與民主信念之間的關係，更需要審視民主本身的性質。只有全面認識民主的本質，我們才能客觀地評估社會主義與民主的相容性。正如馬克思所言，革命和專政不一定意味著少數人強加於人民的意志，而可以理解為消除阻礙人民意志實現的障礙。但是，這種解釋畢竟存在爭議性，我們不能輕易做出結論。

無疑，民主的價值對於任何社會重建都具有不可替代的意義。如果為了實現所謂的更高目標而放棄民主程序，那就意味著將其他價值高於民主。民主主義者對此必定嚴加批判。因此，社會主義要想成功，就必須堅持民主方法，而不能以暫時性的非民主手段來規避對民主的責任。這是一個值得深思的問題。

鑑於社會主義理論與實踐往往未能完全符合民主的理想，本書試圖探討兩者之間的關係，以尋求一條更為現實可行的共融之道。

首先我們必須正視，現實中存在一些自稱社會主義的政權，卻背離了民主的原則，採取一黨專制的方式進行統治。這種做法違背了社會主義本身所倡導的人民當家作主的理念。我們不能將之等同於真正的社會主義，而應當將之視為一種畸形變體。相比之下，仍有許多社會主義政黨堅持民主信條，恪尊民主程序，其中不乏英國、比利時、荷蘭等國的政黨。

那麼，究竟什麼才是「真正的」社會主義？除了承認存在各種不同形式的社會主義外，我們更需要探究社會主義與民主之間的內在連繫。純邏輯來看，社會主義本身並不包含任何關於政治程序的內容，因此社會主義政權並非必然是民主的。重要的是，這種社會主義政權是否能夠被視為民主，或者在何種程度上可以稱之為民主。

此外，我們亦不能忽視，許多一貫堅持民主信仰的社會主義政黨，其實缺乏真正推行民主的機會和動機。它們生存於強烈的反民主言論和行動的環境中，對民主原則的堅持，有時只是出於自身利益的考慮。當它們真正掌握政權時，是否仍能恪守民主，這也是值得懷疑的。

整體而言，社會主義與民主並非天生的對立，關鍵在於如何在實踐中實現兩者的系統融合。這需要社會主義者深刻認識民主的本質，並以民主的方式推進社會變革，而非簡單地訴諸暴力革命。只有在此基礎上，社會主義才能真正實現，民主也才能真正落地生根。

民主的兩難：是忠於理想還是忠於程序

民主制度的宗旨是反映人民的意志，但這也意味著有時會做出違背個人或少數群體利益的決定。我們必須謹慎地思考，究竟是應該堅持民

民主與社會主義的交織

主原則，還是應該為了實現某些特定的目標而拋棄民主。

1918年德國社會民主黨就面臨了這樣的困境。當時它有機會選擇民主政體，但最終卻無情地鎮壓了共產黨人。這看似是忠於民主信仰的表現，但實際上黨內對此存在分歧。有許多黨員並不真心贊同這種做法，他們之所以服從只是因為採取激進路線的機會渺茫。可以說，他們不是出於對民主的信仰，而是出於務實考量而選擇了民主。

在奧地利和匈牙利的情況中，社會主義者在最初也試圖透過民主手段奪取政權。但當形勢變得危急時，他們最終還是放棄了這種堅持，選擇了更激進的方式。這既說明了他們並非純粹的民主主義者，也說明了在極端情況下，民主信仰並非無堅不摧。

我們不能因此而輕易地譴責這些社會主義者的不忠。他們大多數人都真誠地相信自己的理念，只是不得不在理想和現實之間做出抉擇。這也說明了，我們一味地把民主奉為至高無上的價值是不對的。有時為了實現某些更重要的目標，不得不情願地放棄民主。

因此，我們必須警惕，即使是在民主制度下，也可能發生違背個人或少數群體利益的事情。我們不能單單追求民主的程序，而必須更多地關注其背後的目的和實現的效果。只有這樣，我們才能真正地建立一個更加公正、自由的社會。

在探討民主的本質時，我們必須充分了解到其相對性和局限性。民主本質上是一種政治方法，是一種達成政治決策的制度安排。它本身並不能成為目的，但是在特定的歷史條件下，民主方法所產生的決策可能符合我們的期望與理想。

我們從歷史上的案例可以看到，即使是民主制度，也並非一定能反映人民的真正意願。「暴民」的出現就是一例，他們雖然可能透過民主程

序獲取權力，但卻可能作出一些有悖於理性與善意的決定。這就表示，單單追求民主制度本身並不能保證能夠實現我們所期望的利益與理想。

同時，民主方法在界定人民範疇時也存在一些困難。不同的制度可能會有不同的「人民」定義，因此也會產生選舉權利的差異。即使是在一個民主國家，也很難做到完全平等和公平，總會有某些群體被排斥在外。在這方面，民主制度顯然也存在局限性。

因此，我們評判一個國家是否民主，不能僅僅看它是否遵循民主程序，還要看其實際產生的決策是否符合人民的利益和理想。同時，民主制度本身也是有局限性的，應當根據特定的歷史條件和社會狀況來看它的合理性。真正的文明人應該理性地認識民主的相對性，而非盲目地崇拜民主制度。

在民主過程理論中，有人時常會使用外加的假設來規避不可逃脫的結論。本書將探討其中的一些情況，同時也揭示了民主與自由之間關係的複雜性。

關於「統治」這個概念，其性質和方法一直是難以說明的。任何統治者，無論是君王、獨裁者還是寡頭集團，都並非絕對專制。他們必須與他人合作、和諧相處，同時也須壓服其餘人，以維持統治。因此，將君主政體等同為一個明確的事物是很膚淺的認識。

然而，若由「人民」來進行統治，則又出現另一個問題——人民如何有技術上的可能性去統治？在小而原始的社會中，或許可以想像所有個人都參與立法和行政的責任。但即使在這種情況下，也可能會出現某些困難，如領導權、宣傳術等偏離人民民主理想的問題。

對於大多數情況下的人民統治，我們似乎更容易接受由人民批准的治理。因為通常認為民主所涉及的美德，如人的尊嚴、公眾意見與政治

> 民主與社會主義的交織

現實的協調、公民對政府的信任等，也同樣適用於由人民批准的政府。除非實行「直接民主」，否則人民本身很難真正進行統治或管理。這或許是完善這一定義的理由。

整體而言，民主過程的理論存在著許多複雜的問題和矛盾。我們需要努力在理想與現實之間尋找平衡，以期建立更加符合人民意願的政治體系。

重新審視民主的形式

回顧歷史，我們不難發現，專制政體曾占據歷史的主導地位。從統治者的天命君主政體，到獨裁的專政，再到貴族和財閥寡頭統治的專制政體，它們在不同時期和地域中盛行，甚至獲得大眾的擁護和支持。這似乎與我們普遍認為民主政體應該擁有的特質相悖。

但這並不意味著我們應該放棄對民主的追求。相反，我們應該了解到民主並非僅局限於某一種特定的形式，而是存在著無限多種可能的表現形式。這些形式或許不被明確地稱為「民治」，但卻都能夠在某種程度上使人民參與管理、影響或控制實際統治者的事務。

我們不應被固有的定義所束縛。17 和 18 世紀形成的民主理論，試圖將某些政府形式與「民治」掛鉤，但這種做法不無缺陷。事實上，歷史上從未有真正的人民統治存在，只是人們總是能夠將某些政權定義為民主，以滿足自己的心理需求。

重要的是，我們要了解到授權和代表並非僅屬於個別公民，而應該屬於整個人民。只有這樣，人民才能真正透過各種形式參與到政治決策之中。而這些形式，才是我們應該探尋和發掘的，而不是一味地固守某種陳舊的民主理想。

我們必須以更開放和創新的眼光，審視民主的各種可能形式。這需要我們突破慣性思維，不將民主等同於某一特定的制度形態，而是去關注人民在政治決策中的實際參與程度和影響力。只有這樣，我們才能重新定義民主，重塑新的民主理想，為人類社會開創一個更加公正、自由的未來。

儘管理性主義和功利主義曾經為民主理論提供了基礎，但隨著歷史學、社會學、生物學等學科的發展，我們逐步意識到這些理論存在著根本性的缺陷和局限。理性主義過於強調個體的自主意志和自由選擇，而忽視了集體行動和公眾思想的重要性。功利主義則過於簡單地把追求最大多數人的最大幸福等同於民主政治的目標，忽略了其他更深層次的社會要求。

要建立一個真正能夠展現民主理想的理論框架，就必須摒棄這些片面的觀點。我們需要一種更加全面和深入的理解，去認識民主過程中個體、集體和公共利益之間的複雜關係。這需要充分吸收浪漫主義思潮對前資本主義社會和歷史演進的洞見，並以更加客觀的社會科學分析為基礎，去追問民主制度的本質和社會基礎。

在這樣的理論基礎上，我們或許能夠期望民主制度在未來的社會主義秩序中得到更好的發展和實現。民主不僅需要建立在人民主權和授權代表的理論基礎之上，更需要對公眾思想和集體行動的現實有深刻的認知。只有這樣，民主制度才能真正成為推動社會進步的有力引擎，而不是淪為空洞的口號和政治辭藻。

民主政治的古典誤解

18 世紀的民主思想建立在一些過於理想化的假設之上。首先，它假設存在著一種客觀的共同福利，每個正常理智的人都能清楚地理解。但

民主與社會主義的交織

實際上，社會各階層、各群體之間存在著利益衝突，很難有統一的共同目標。其次，它假設每個公民都能清楚表達自己的意願，集合在一起就能準確反映「人民意志」。但民主實踐中，少數菁英階層往往能掌控決策過程，操縱輿論，而普通公民難以真正參與。再者，它認為可以透過代議制的方式來實現「人民統治」。但代議制往往淪為少數菁英統治，與人民意願存在脫節。

整體而言，18世紀的民主學說過於理想化，忽視了社會利益分化、菁英政治操縱、代議制的缺陷等現實問題。這種過於樂觀的民主觀念，容易掩蓋民主實踐中的種種缺陷，導致對民主政治的誤解。直到今天，我們仍需要深入反思民主的理論基礎，克服其中存在的問題，才能推進更加真正的民主政治。

不可否認，在複雜多元的社會中，尋求一種能夠普遍為所有人接受的共同福利是一個充滿挑戰的任務。不同個人和群體對於什麼是共同福利的看法必然存在差異。功利主義者企圖透過理性計算來界定最大多數人的利益，但卻忽略了不同價值觀和偏好的存在。

即使假設有一種明確而普遍可接受的共同福利概念，諸如「最大經濟滿足」，但在實際問題的解決上依然會出現嚴重分歧。對於如何權衡當前與長遠利益，或是社會主義與資本主義的相對價值等問題，人們的意見依然難以統一。甚至在健康這樣的基本價值上，也會出現對於具體政策如強制接種疫苗的爭議。

這就說明了，即使在理論上達成了共同目標的共識，但在具體落實時，仍舊會出現難以化解的分歧。功利主義者之所以未能意識到這一問題的全貌，主要是因為他們局限於18世紀的商品社會視野，無法真正理解經濟結構和社會習性的根本轉變。

因此，作為民主理論基石的「共同福利」和「人民意志」這兩大概念，在缺乏一種真正普遍有效的定義時，就無可避免地走向崩潰。我們必須直視社會的多元化和價值衝突的現實，努力尋找一種兼顧正義和包容的新的民主之路。這需要我們超越狹隘的功利主義，開放地聆聽不同聲音，透過對話與妥協找到更廣泛共識。這無疑是一條艱難的道路，但卻是建構可持續發展的民主社會的必經之路。

時代的變遷往往讓人們對於公共利益的概念產生了過於簡單化和理想化的理解。過去人們普遍認為，存在著一個共同的福祉，它是政策制定的指引，人人都可以透過合理討論而了解。但事實往往比想像中更複雜。

不同個人和群體對於什麼是共同福祉有著截然不同的理解。功利主義者往往對此有著狹隘的看法，認為只要追求最大多數人的利益即可。然而，人們的價值觀和最終目標並非純粹靠理性論證就能解決。正如有些人主張要讓國家全副武裝，為全世界爭取自己認為正確的東西，而另一些人則認為應該解決國內問題才是對人類最大的貢獻，這種針對最終價值的根本分歧是難以透過妥協方式來解決的。

政治理論往往假設存在著全體人民的共同意志，這個意志就是共同福祉的具體表現。於是，人們認為每個社會成員都能清楚地分辨什麼是好什麼是壞，並為之盡力。這樣，民主制度在這樣的理論框架下就獲得了不含糊的意義。然而，現實卻顯示，這些假設都難以禁得起事實的檢驗。

首先，不存在全體人民能夠同意的、唯一正確的共同福祉。對不同個人和群體來說，它意味著不同的東西。其次，即使在某些具體問題上能夠達成妥協，但對於更根本的最終價值觀，分歧往往是難以弭平的。再者，即使設定了代議制機構來表達和代表選民的意志，但它們在法律

民主與社會主義的交織

意義上也難以真正代表人民。

可見，公共利益的神話與實際存在的各種挑戰之間存在著極大落差。我們需要直視這些問題的複雜性，而不是停留在理想化的層面。只有這樣，我們才能對民主制度及其實踐有更切實可行的認識和期望。這將是一條艱難的道路，但它才是通向更理性、更有韌性的公共生活的必經之路。

民主政治的挑戰 —— 理想與現實的落差

民主政治的理想與現實往往存在落差。儘管功利主義者提出了最大化社會整體利益的共同福利概念，但在面對具體問題時，人們仍會有分歧和爭論。例如對於健康和醫療政策等重大議題，即使大家都相信功利主義，也難以達成一致。

更深層次的問題在於，即使理論上存在一個共同福利的概念，要實現其具體化也並非易事。因為民主過程本身就是一個複雜的互動，難以得出明確一致的結論。追求共同福利的人民意志往往有模糊和內部矛盾的特點，很難像古典民主理論所設想的那樣統一和理性。

將人民意志簡化為一個相對簡單的概念已經不能符合民主過程的複雜性。當我們割斷人民意志與功利主義涵義的關係後，意志本身也失去了先前的倫理尊嚴。我們不得不退回到單純地信任民主形式本身，而不再關注是否真正實現了共同利益。

這樣一來，民主政治的理想和現實之間的差距便更加突顯。我們必須正視民主過程中個人意志的複雜性和不確定性，而非過度理想化地追求一個統一的人民意志。只有在細膩的分析與評估中，我們才能找到民

主實踐的新出路。

　　歷史上，當面臨棘手的政治問題時，往往不能完全依賴民主途徑來尋求解決。拿破崙執政時期的宗教改革即為一個很好的例子。

　　當時法國正處於大革命後的混亂，宗教問題是最迫切需要解決的。如果依賴民主程序，很難想像能達成如此圓滿的結果。激進的反教會分子和堅持教義的天主教徒之間矛盾激烈，很難透過讓步和妥協來化解分歧。而拿破崙作為獨裁統治者，卻能夠超越各方利益，以強硬的手段實現了教會與國家的和解。

　　這並不意味著我們應該完全否定民主的價值。相反，民主程序能夠確保政權的合法性和人民意願的展現。但在某些特殊情況下，如果問題的性質決定了民主途徑難以奏效，適度的權威介入未必就是一種錯誤的選擇。重要的是要平衡民主與權威，在不同問題上尋找最佳的解決之道。

　　我們不能一味地遵循古典民主理論，而是要以更加開放和靈活的態度看待政治運作。有時，權威性的決策確實能帶來更加理想的結果，只要它能得到人民的最終認可。關鍵在於權威的運用是否符合公眾利益，而非個人私利。只有在此前提下，我們才能在民主與權威之間找到適當的平衡點。

人性、理性與民主政治

　　民主政治的古典理論一直將人性和理性作為其核心基石。然而，隨著 20 世紀社會心理學的發展，我們對人性和理性的理解已經發生了重大變革。

勒龐的群眾心理學為我們揭示了人性中潛藏的原始衝動和犯罪傾向。在群眾作用下，人的思想和行為可能突破道德約束，暴露出幼稚和反社會的一面。這與民主理論對理性和善意公民的假設產生了鮮明對比。即使是在平和的議會或委員會中，人性中的這些特質也往往一觸即發。

經濟學家的研究更指出，即使是在日常消費行為中，人們往往也難以做到經濟理論所假設的理性和明確的需求。相反，消費者往往容易受到廣告和其他宣傳方式的影響，在相當程度上由生產者所主導。直接的情感訴求往往比理性論證更具說服力，這也動搖了古典民主理論對理性公民的假設。

這些發現無疑為民主政治的理論奠定的人性基礎帶來了沉重打擊。人的行為遠非如此理性和善意，存在著無法完全預料和控制的非理性因素。這對民主政治的運作和理論建構都提出了嚴峻挑戰，需要我們重新思考人性在政治過程中的角色。只有深刻認識人性的複雜性，民主政治的理論和實踐才能更加貼合現實。

如何正確地做出理性決策

結論雖然明顯，但作出結論必須小心。在作出常見、重複性的決定時，個人受到過往經驗和利弊影響，同時也受到相對簡單的動機和利益驅使，這些動機和利益很少受情緒激動的干預。從以往事實看，消費者對鞋的欲望至少部分是由生產者提供吸引人的產品和大肆宣傳而形成的；但經過一段時間，這種欲望也變成了真正的需求，不再只是模糊的「一般鞋」概念，長期實踐也澄清了其中可能存在的非理性成分。

此外，在這些簡單動機的刺激下，消費者在公正的專家指導下，也

學會了在某些領域（如住房、汽車）如何做出合理決策，而在其他領域則成為了自己的專家。我們不能一概而論說主婦在食品、家庭用品、服裝等方面容易受到愚弄，因為正如每個銷售人員都清楚自己的成本一樣，大多數主婦也有自己堅持的方法，確保買到真正所需的物品。這種追求理性的意願，或者說理性傾向的穩定壓力，在我們觀察的任何工業或商業活動中，都可以無疑地發現。

在每個人現實意識的小圈子內，他們對日常生活做出的大多數決定，都是與自身直接相關的事物，包括個人、家庭、職業、嗜好、人際關係、地域社交圈等，即自己所直接觀察和熟知的事情，而不是依賴媒體報導。思想和行動的明確性及合理性，並不一定由這種對人和事的熟悉，以及現實感和責任感所保證。還需要其他一些必要條件，比如人們長期因不合理的衛生行為而受苦，但仍然無法將其與自己的陋習連繫起來。只有在真正理解了因果關係，客觀後果才能產生主觀經驗。

因此，雖然每個人在自己的小圈子內可以做出相當明確的個人意志和決策，但這些意志可能常常是非理性、狹隘、自私的。我們不應過度膜拜每一個政治決定，相反應該更多地去思考其中的合理性和必要性。

現實中的民主政治，往往未能發揮理論所期望的效果。公民的參與往往集中在與個人利益直接相關的問題上，而對於更廣泛的國家和國際事務，則缺乏足夠的關注、理解和判斷能力。這種現象不僅反映了公民責任心的減弱，也顯示了有效意志的缺乏。

造成這一困境的，一方面在於公民面對那些與個人生活不太相關的宏觀政治問題，常缺乏足夠的動力和理性判斷能力。另一方面，一些有特定目的的政治集團，則往往利用公民的這些弱點，去試圖引導或操縱民意。這不僅侵蝕了民主政治的核心理念，也可能導致危險的後果。

民主與社會主義的交織

　　要破解這一困境，關鍵在於如何提高公民的政治參與意識和理性思考能力。這不僅需要完善民主教育，鼓勵公民關注國家和全球事務，更需要建立能夠引導公民理性判斷的制度和機制。

　　只有公民能夠主動關心並理性思考政治問題，民主制度才能真正發揮應有的作用。這需要全社會的共同努力，透過社會各界的協調配合，為公民提供必要的引導和支持，使其能夠切實承擔起應盡的公民責任。只有這樣，民主政治才能真正走向健康和可持續發展的道路。

　　我們發現，製造爭論問題和製造人民意志的方式，與商業廣告如出一轍。這些手法利用人類潛意識的特性，製造不合理的正反聯想，並運用迴避策略、緘默和反覆宣揚等技巧，成功地躲避合理討論，避免公眾批判性思考的覺醒。

　　即使有理性依據的資訊和論點被提出，但如果不符合公眾先入之見，它們很難被廣泛接受。這是因為，有效的政治論證常常意味著將現有意志扭曲成特殊形式，而非單純貫徹這些前提或協助公眾作出決定。這樣一來，被接受的資訊和論點就很可能成為政治意圖的奴僕。

　　當人人為自己的理想或利益而願意說謊時，真正可信的資訊和論證往往經過摻假或挑選。因此，政治上有效的推理，往往只是試圖將某些主張提高為公理，將其他主張貶低，這不過是一種心理技術罷了。

　　對此，我們不能過於悲觀。傑佛遜曾說，最終，人民畢竟比任何個人聰明。林肯也言及，不可能「永遠愚弄所有人民」。這些話都意味著，從長遠來看，公眾意識總會趨向高度合理和敏銳。

　　但歷史由短期局勢組成，如果人民在短期內能被一步步「愚弄」接受非其所需，那麼無論事後如何回顧，實際上人民既不提出問題，也不決定問題，這些都是由別人為之而定。民主愛好者更應正視這一事實，而

非一味地妄加詆毀。

只有透過理性公共討論，我們才能實現真正的民主。我們應警惕各種試圖扭曲或控制公眾意志的手段，維護理性和公正，這才是民主的根本。

政治論證中常見的弊端

製造爭論和塑造民意的手法，往往與商業廣告如出一轍。我們發現，不管是在公共事務領域還是私人生活中，接觸大眾潛意識、創造贊成與反對的聯想、規避合理爭辯、以重複宣稱取代理性論證等手法，都有其廣泛的應用。

這些技術在政治領域尤其得心應手。畢竟，許多重大決策不像香菸廣告那樣能夠便宜地進行實驗，其政治效果更難量化。於是，這些超乎理性的呼籲往往掩蓋了事實和論據，反而更加突出。我們很難讓大眾了解正確資訊並作出合乎邏輯的推論，因為人們常根據既有偏見來接受論點。

換言之，真正被接受的資訊和論點，很可能淪為特殊政治意圖的工具。因為人們往往會為了理想或利益而說謊，有效資訊往往經過了摻假或挑選，政治論證也大多只是試圖將某些主張提升為公理，否定其他觀點。

但我們也不能過於悲觀。正如傑佛遜和林肯所言，最終人民畢竟比任何個人聰明，不會永遠被愚弄。歷史或許由一連串短期形勢組成，但長期來看，人民的智慧必將顯現。

我們民主愛好者，更應該直視這些弊端，堅信真理終將戰勝謊言，人民最終會做出正確的選擇。

民主與社會主義的交織

一種與事實如此相悖的學說為何能存在至今，並仍然在人民心中和政府官方語言中占據一席之地？這個問題的解答並非難解。

首先，雖然集體行動的古典學說缺乏經驗分析的支持，但它卻得到了與宗教信仰相關思想的有力支持。功利主義領導者雖不是通常意義上的宗教領袖，但他們的學說卻具有濃厚的基督新教信仰色彩。對於拋棄宗教信仰的知識分子而言，功利主義信條提供了宗教的替代品；而對於保持宗教信仰的人來說，古典學說成為宗教的政治補充品。

當古典學說進入宗教範疇時，它的性質也隨之改變。以此為基礎的民主信念也因此而轉變，不再需要對共同利益和最終價值產生邏輯上的顧慮。一切都被視為上帝計劃的一部分，顯得井然有序而有說服力。比如人民的呼聲就是上帝的意旨，而平等的內涵也因基督教教義的影響而獲得了更加堅實的基礎。

這種將超越世俗意義注入民主信條之中的做法，為許多原本難以解釋的問題提供了解答。特別是，它解釋了信仰者對批評的強烈牴觸情緒。民主這個詞也因此成為一面旗幟，成為人們所珍視的一切的象徵。這種情況下，民主信仰中所指涉的種種不同主張與政治現實之間的矛盾，便也變得無關緊要了。

然而，這種類型的民主主義者在接受含有大量平等、友愛涵義的基本原理時，同時也會真誠地接受任何程度偏離這些原理的東西。這種情形並非不合邏輯，因為與事實的距離並不足以構成反對倫理準則或神祕願景的理由。

總之，古典民主學說能夠持續存在，靠的就是它與宗教信仰的密切連繫，以及將民主塑造為一種理想和象徵的能力。這種將現實與理想分離的做法，雖然不符合邏輯，但卻能夠獲得持久的影響力。

古典民主政治的形式和言辭，在許多國家與其歷史事件和發展相連繫，並獲得大多數人的熱情讚譽。對任何反對現存政權的呼聲，都很可能利用這些形式和言辭。如果反對獲得成功，這些形式就會在國民意識中生根。美國正是一個突出的例子。

美國的獨立，與其反對英國君主和貴族政治的爭鬥相連繫。在獨立戰爭時期，他們視英國君主和貴族政府為干預其政治和經濟利益的外國勢力。他們以不可剝奪的人權，按照古典民主政治的原則，宣揚自己的事業是人民反對統治者的事業。獨立宣言和憲法都採用了這些原則。接下來的繁榮發展，也似乎證實了這些神聖的學說。

然而，這種表象掩蓋了民主理念與現實之間的鴻溝。即使在一些小型和原始社會中，古典學說可能近似於事實，但那往往是因為這些社會沒有嚴重的問題需要解決。在大型複雜的社會中，現實往往與理念有很大差距。

政客們也往往欣賞能討好群眾、逃避責任的辭令。他們時常利用民主概念，以人民的名義壓倒對手。這種做法，加深了民主理念與實踐之間的裂隙。

我們必須直視這些問題，審慎思考如何推進民主政治，使其能真正貼近人民的需求和意願。我們不能再盲目地接受古典學說，而要以科學思維，客觀認清現實，找到改革的方向。只有這樣，民主才能真正成為人民當家作主的政治形式。

人性的兩面性：理性與非理性之探討

在了解人類行為背後的複雜動機時，我們不能只從理性的角度出發，更要審視非理性因素的存在。德文群眾心理學（Massenpsychologie）

民主與社會主義的交織

警告我們，群集心理學（the psychology of crowds）與群眾心理學（the psychology of masses）並不是同一回事。前者不一定帶有階級色彩，而後者則常與特定群體的思想和感受方式有關。

我們必須注意，所謂「非理性」並非指一個人的願望本身就是不合理的，而是指這個人無法按照特定願望來合理地行動。經濟學家在研究消費者行為時，常常把這兩者混淆，從而誇大了非理性行為的程度。一個工廠女工穿著華麗服飾，在一些教授眼中可能被視為非理性的表現，但實際上這可能正是她內心所渴望的。

理性的思想並不等同於理性的行動。沒有深思熟慮的行為，也可能是合理的，與個人能否正確制定理論基礎無關。觀察者，尤其是採訪和統計調查的研究者，常常忽略這一點，而對行為中的非理性因素有所誇大。

我們在分析社會現象時，不應將明確和真正的意志視為最終根據。這些意志本身也是社會過程和環境影響的產物。但就某些特定目的而言，我們仍可以把這些意志作為分析的基礎，就如經濟學家常常從人們的現成趣味或需求中推衍價格一樣。同時，我們也要區分製造意志的企圖和真正意志的產生，後者往往受到過去環境的影響，而非單單由前者決定。

邊沁主義者忽視了群眾腐化在現代資本主義中的可能性。他們在政治理論中犯了與經濟理論中相同的錯誤——假定「人民」最能捍衛自身利益，而個人利益必然符合全體人民的利益。這顯然是一個幼稚的想法，因為資產階級利益往往比直接行賄獲得的利益更多。

我們必須審慎地看待人性的兩面性——理性與非理性並存，相互影響。只有深入理解這種複雜性，我們才能更好地解釋人類社會行為的奧祕。

人性的兩面性：理性與非理性之探討

　　我們可以從橋牌桌上的聰明才智和政治討論中的表現差異，看出公民在政治行為中缺乏應有的機靈和判斷力。在橋牌遊戲中，任務明確、遵循規則、成敗一目了然，所以人們表現出色。而在政治領域，缺乏這些約束條件，導致普通公民難以發揮才智。

　　這表示，民主政治中領導角色的重要性不容忽視。傳統民主理論認為，人民應該對每個政治問題都有明確合理的主張，並透過選舉代表實現這些主張。但事實上，人們往往需要由領導者指引、推動。我們應該將選舉代表作為民主方法的重點，而不是讓人民自發地做出政治決定。

　　因此，我提出了一個更切合現實的民主理論。它認為，民主方法就是透過競爭政治領導權來作出政治決定的制度安排。人民的任務是產生政府，或產生用以建立全國執行委員會的中介體。這樣的理論不僅能有效地區分民主與非民主政府，也充分考慮到了領導權在集體行動中的重要性。

　　這一理論不僅更加符合政治現實，也更能解釋民主過程中政治意志的形成和偽造。它不再將那些被稱為「製造的意志」排斥在外，而是將其理所當然地納入分析範疇。只有這樣，我們才能更真實地認識和掌握民主政治的運作機制。

　　在政治生活中，真正的集體意志無法直接表現出來，而是需要由政治家喚醒並組織起來。這些意志常常長期潛藏在社會中，一直要到有某位政治家把它們包括在自己的政治綱領中，才真正成為政治因素。政治家透過激發這些意志，將之轉化為可以爭取的政治支持，這是我們理論所認可的重要作用。

　　我們的理論並不比競爭領導權的概念更加清晰，畢竟政治生活中總有某種爭取人民忠誠的競爭存在，雖然可能只是潛在的。為了簡單起

131

見，我們將民主政體中的競爭領導許可權定於自由投票的自由競爭，這排除了一些非法手段，如軍事政變等。但現實中仍存在各種不公平或欺詐手段，我們不能全然排除它們，否則只能留下理想化的情況。在民主和專制政體之間，存在著一系列變體，皆是理解現實政治不可或缺的一部分。

關於民主政體與個人自由的關係，我們發現民主不一定能保證更多的個人自由，但它至少在原則上允許每個人自由地向選民陳述自己的主張，這往往意味著較大的言論和新聞自由。這種關係並非絕對，但對於知識分子來說仍是重要的。整體而言，我們試圖從更加現實的角度來理解政治生活的複雜性。

選民的職能：產生政府與控制政府

選民的首要職能並非直接作出政治決定，而是選舉領導人來代表自己並作出決定。民主的根本精神在於，選民可以選擇支持哪些人來統治，而不是選民自己直接決策。這意味著，民主方法的核心是一種制度安排，使某些人透過爭取選票獲得作決定的權力。

這樣理解的好處是，可以避免固有的問題，即使人民意志明確，簡單多數作出的決定也可能歪曲而非實現人民意志。因為人民意志是一件錯綜複雜的事物，多數人的意志並不能完全代表它。比例代表制等方案也往往只是製造不同派系的表演機會，反而容易阻礙有效政府的產生。

相反，如果承認選民的首要職能是產生政府，而不是直接決策，那麼民主政治的原則就是：政府的執政權應交給那些比任何競選的個人或集團獲得更多選票支持的人。這不僅契合民主方法的邏輯，也保證了多

數制度在其中的地位。當然，我們仍可能以其他理由來批評多數決，但從民主方法本身出發，它是不可或缺的。

總之，選民的職能在於產生政府，而非直接決策。這不僅更貼近民主政治的現實運作，也有助於澄清民主方法的核心意義。只有充分理解這一點，我們才能真正建立一個有效運轉的民主政治制度。

我們提出的這一民主理論的價值在於，它為我們提供了一個有效的標準，用以辨別民主政府和非民主政府。這顯著改進了民主過程的理論基礎。

首先，這一定義明確了程序性要素的重要性。古典理論往往陷於困境，因為根據「民主」一詞的普遍用法，許多不能稱之為民主的政府，實際上也能較好地展現人民意志和追求人民福祉。而我們這一新的定義則側重於程序上的民主性，這在大多數情況下都較易審核考核。比如，議會君主制完全符合我們界定的民主方法，因為君主實際上只能任命議會選舉產生的內閣成員。而所謂「君主立憲」制度則不屬於民主，因為選民和議會雖然擁有其他權利，但無法強制其選出的人進入政府。

其次，我們的理論為正確認識領導權這一極為重要的事實預留了充分的空間。古典理論往往對選民的首創精神抱有不切實際的期望，忽視了領導權的作用。而我們的定義則切合實際，承認任何集體行動都需要領導，這是一種較之機械反應更為進步的方式。我們的命題將從中吸取寶貴的現實洞見，不僅描述了一般意志的執行，也將解釋其產生或被取代、被偽造的過程。

第三，我們的理論不會忽視真正的集體意志表達，比如失業者要求救濟的呼聲。相反，我們能恰當地將其定位，分析其在政治過程中的實際角色。這些意志通常並不直接表現，而需要政治家去喚起、組織和推

動，納入其競選綱領。因此，我們可從新的角度理解區域利益和公共輿論之間的互動，以及據此形成的政治格局。

第四，我們的理論當然也存在一些不確定性，如何界定政治競爭的「公平」和「公正」。這與經濟競爭概念存在相似的困難。但我們認為，只要保持自由投票的競爭，即使不可能完全杜絕「不公平」情況，也已初步達成民主的基本要求。因為這實際上是任何規模社會能夠採用的唯一可行方法。當然，我們也不能完全排除一些專制手段，但只要不至於嚴重損害我們所持標準的基本價值，這些變體也在可以接受的範圍之內。

總之，我們提出的這一民主理論，為我們提供了一個更為有效的分析工具，既具有理論深度，又足夠貼近現實。它不僅有助於更好地辨識民主與非民主的本質區別，也能更恰當地理解民主政治過程的複雜性。

在探討民主政體和個人自由的關係時，我們需要明白兩者之間並非絕對嚴格的關係，而是可以改變調整的。任何社會都不會容忍信仰和言論的絕對自由，也不會將容忍範圍縮減到零，問題在於自由的程度。

我們發現，民主方法所保證的個人自由，並不一定比其他政治方法所允許的更多，很可能反而更少。但兩者之間仍有重要的關係，那就是如果每個人原則上都有表達主張、競爭政治領導權的自由，這通常也意味著有更多討論任何事物的自由，特別是相當可觀的新聞自由。

可以說，民主與自由之間的關係並非絕對，但對知識分子而言，這仍是一個十分重要的關係。

同時，我們必須注意，選民不單單是建立政府的職能，也包括取消政府職能的權力。選民無法完全控制自己選出的政治領導人，除非拒絕重選或支持他們的議會多數黨。因此我們需要適當減少人們對選民控制領導人的想像。

另一個長期爭論是，即使人民意志明確，簡單多數的決定也可能歪曲而非實施人民意志。多數人的意志並不等同於人民意志，後者是一個複雜的集合。嘗試以比例代表制來解決這個問題，也會導致政府難以有效運轉。

關鍵在於，民主的原則並不等同於比例代表制，而是指政府應該由獲得最多選票的人或集團執政。這保證了多數制在民主方法的邏輯中的地位，儘管我們可能基於其他理由而批評它。

總之，民主與個人自由的平衡是一個微妙的問題，需要在實踐中不斷調整。關鍵在於明確民主的本質，而不是單單追求某種理想化的形式。

民主政體中的政府產生機制

在民主國家中，選民投票的首要作用是產生政府。這在地方政府層面較為明顯，但就全國性政府而言，實際上等同於決定領導人人選。在美國，選民可直接選出總理（總統），但大多數其他國家的選民投票則是產生一個中間機關——議會，由議會承擔產生政府的職責。

產生政府的主要方式是議會選舉總理，然後由總理提出部長名單，由議會投票表決。雖然不同國家在細節上有所不同，但有幾點普遍現象：

1. 勝選政黨在議會占多數席位，有能力對除該黨領袖外的任何人進行不信任投票，從而由該黨領袖「由議會」獲得任命為國家領導人。

2. 總理在組建內閣時會考慮幾方面因素：黨內元勳、二線領導人、新進人物等，既要照應黨內利益，又要吸納外部人才。

3. 即使非直選產生，只要總理得到選民支持，其後果也會接近直選

內閣的預期效果。

西元 1879 年英國大選即是一例。比康斯非（迪斯雷利）政府本應順利連任，但格萊斯頓憑藉激烈演講席捲全國，最終以自由黨壓倒性勝利獲得政權，足見民意之重。無論採取何種產生政府的途徑，民主政體中選民意志始終是根本。

這個案例生動地呈現了民主制度下首相的政治領導地位，以及內閣的複雜角色。首先，首相作為議會黨派領袖兼下院領袖，其地位不單是議會授命，更涉及影響其他黨派、塑造公眾輿論等廣泛因素。成功的首相不僅能凝聚自己的黨，更能掌握超越黨派的全國性意見領導權。這為首相創造了強大的政治影響力，可以動員意志不堅的黨內成員。

而內閣作為兩面人，既是議會與首相的共同產物，也展現了黨內次級領導人的結構。內閣成員需要調適自身利益，以配合首相的政綱和領導。這種既非單純執行公務，也非單純代表黨意的中介角色，使得內閣在民主過程中扮演獨特的職能。他們旨在使領導集團控制官僚機器，而非直接實現人民意志。最佳情形下，內閣所提供的恰恰是人民未曾期待的結果。

總之，這一案例生動地揭示了民主政治中權力運作的複雜性。首相如何運用策略部署，內閣如何協調黨派利益，最終影響著民主制度的實際運轉。這充分說明，單純的程序民主並不等同於權力的公平分配和人民意志的直接實現。

議會不僅僅是一個建立或推翻政府的機構，它還有許多其他重要的職能。議會最明顯的職責就是立法，制定正式意義上的「法律」。其中預算的制定更是一項關鍵的行政職能，即使預算由行政部門初步擬定，議會仍必須對其進行投票表決，使其成為正式的法律。因此，我之前只著

眼於議會推翻政府的作用，忽略了它在立法和行政方面的重要性，這確實需要修正。

除此之外，議會的每一項投票實際上都是一次對政府的信任或不信任投票。無論是政府提出的法案，還是反對黨提出的議案，議會都在用投票的方式表達對政府的支持或反對。政府必須時刻關注議會的動向，因為失去議會的支持就意味著失去政權。因此，政府一般都會主導議會的議程，挑選它準備提交議會的問題。而反對黨或執政黨的內部反叛也往往意味著政府失去了控制力。

所以議會的功能不僅局限於建立或推翻政府，它更是一個表達利益、制衡權力的重要機構。它的立法、行政以及信任表決的職能都展現了它在國家治理中不可或缺的作用。因此，重新審視議會的複雜功能，是理解其在政治體系中地位和影響力的關鍵。

決策的微妙和真實

觀察政治領導的實際運作，我們可以發現，所謂的「代表制」議會中政府的領導地位並非絕對。民主政治的競爭元素，使得議員和部長往往走在領袖忠誠和追求個人利益的中間路線。議員們時而高舉自己的旗幟，時而服從領袖，在風險和機會之間權衡，試圖獲得最大利益。領袖也不得不採取適當的方式來緩和壓力，既要維護紀律，又要顧及異議的聲音，以恩惠與懲罰並濟。

這樣的比賽結果因個人和地位的力量差異而有很大變化，但通常會產生相當程度的自由。尤其是對於一些被視為次要或只具局部重要性的問題，議員或追隨者集團偶爾也有發議案的機會，領袖也能對批評或棄

民主與社會主義的交織

票表現更多寬容。但仔細觀察,這種自由只是對原則的偏離,並非議會運作的根本原則。

另一種例外情況是,有時政治機器會忽視某些問題,要麼是因為領導層未意識到其政治價值,要麼是這些價值本身令人懷疑。這種情況下,可能會有一些局外人試圖利用這些問題來爭取權力,或者一些人僅為解決特定問題而進入政壇,而非開始一般的政治生涯。雖然這種情況不太常見,但在一些社會運動中也能找到類似的例子。

總之,我們不能僅從社會目標或需求出發,就推定特定活動的動機和理由。正如生產活動的意義在於利潤而非僅滿足生活需求,議會活動的推動力也在於權力競爭,而非單純地實現社會功能。這種微妙和真實的動態關係,值得我們更深入地理解和掌握。

在民主政治的運作過程中,選民並非擁有完全自主的選擇權,而是被動地接受候選人的提名與政策。議員的意願並非民主過程的最終根據,反而是政黨機器和政治操弄所塑造的結果。

選民的主動性受到諸多限制。首先,已經掌握領導權的政治人物通常無須再競選,因此選民無法真正挑選這些人物。另一方面,地方領導人能夠控制或影響選舉,卻不願親自參與競選,而是指定他人出馬,使選民只能接受這樣的安排。即使選民有一定的接受意願,仍受政黨存在的進一步限制。

政黨並非為了公眾福利而組織,而是由政客為了爭取政權而集結的團體。它們制定政見和宣傳口號,並培養政治首領,這些都是政治活動的核心所在。選民往往被動隨波逐流,無法真正主導政治走向。政黨管理和政治技術才是決定勝負的關鍵因素。

因此,我們不能將選民的選擇等同於人民的真正意願。民主過程

中，選民的角色更多是被動地接受政治菁英的安排。要真正實現民主，需要突破現有的政治遊戲規則，賦予選民以更大的主動性和決策權。

新時代的民主政治與社會主義的共存

從上面的分析中，我們可以看到民主政治與社會主義制度並不存在必然連繫，也不是互不相容。兩者在適當的社會環境下都可以互相存在和發展。但是，當我們將民主政治和社會主義制度相結合時，也會出現一些深層次的問題。

首先，我們必須清楚地了解到，民主政治並不意味著人民真正在統治，而只是人民有接受或拒絕將要來統治他們的人的機會。這也意味著，政治不可避免地成為一種職業，政治家的利益和集團利益需要被充分考慮進去。在社會主義制度下，這種情況並不會有太大改變，追求改革的專業人士也會有自己的利益模式。

其次，學者們擔心民主政治的行政效率會受到損害，因為議會內外的無休止爭鬥會消耗政府領導人大量精力。在社會主義制度下，如何提高政府的行政效率也是一個值得關注的問題。比如如何避免政府決策受到短期政治利益的影響，如何確保決策能夠最大限度地服務於國家長遠利益。

因此，我們在論述民主政治與社會主義的關係時，不能簡單地追求二者的和諧共存，而是要深入探討二者結合後可能出現的新問題，並設法解決這些問題，為新時代的民主政治和社會主義制度的共生發展提供理論支撐。這需要我們付出大量的解釋工作，以確定可望民主方法產生令人滿意結果的諸條件。只有這樣，我們才能真正掌握民主政治和社會

民主與社會主義的交織

主義制度的關係，推動二者共同進步。

在民主政體中，總理就像是一位全心全意不想摔下馬的騎手，難以為未來的賽程做好全面規劃。或者，他就像一個將軍，只顧著得知自己的軍隊能否服從命令，而無暇顧及整體策略。雖然可以找出一些合理的理由為此辯護，但不可否認，這種情況在法國、義大利等國家，正是反民主情緒蔓延的根源之一。

這些令人難以忍受的後果，往往都能被歸咎於社會發展尚未達到實現民主制度所需的條件。但如法國、義大利等先進國家的例子所示，即使在文明程度遠高於某些成功實行民主的國家，也依然會出現這樣的後果。換個角度說，人們所批評的重點就會有所減輕：令人滿意地執行民主方法，關鍵在於是否具備某些必要條件——這正是我們接下來需要探討的。

與此相比，在非民主模式下，攫取權力所需付出的精力和扭曲事物的視角，也同樣不容忽視。只是在民主爭鬥中，這種浪費和扭曲沒有在非民主體制中那樣顯而易見。因此，如果要全面客觀地評估政府機器，除了制度原則，還必須兼顧其他眾多因素。

有些人或許會反駁，較低水準的政府效率正是我們所期望的。畢竟，我們不想在高效的獨裁下成為百姓，也不願成為政治角力的工具。在美國這個國家，像俄羅斯的國家計畫那樣的東西根本不可能實現，這不正說明了其制度安排能有效避免破壞合眾國的有機結構和精神嗎？

此外，適當的制度設計也能減輕對領導人的壓力。比如說，美國總統無疑要時刻關注政治棋局，但無須對每一項措施負責，也無須經常待在國會內，這樣至少可以避免相關的肉體緊張。同時，他仍有發揮自身力量的機會。

再者，我們在上面也分析了，以民主方式選拔到領導地位的人的品格問題。眾所周知的論點是，民主制度創造了職業政客，並將他們塑造成業餘的行政長官和「政治家」。這些人缺乏處理面前工作所需的條件，甚至還會破壞文官制度，使最優秀的文官失去信心。更糟糕的是，使一個人成為候選人的智慧與品格，並不一定就是成為卓越行政長官所需的。即使選出的人在執政時獲得成功，這種成功也可能對國家而言是失敗的。

儘管存在這些弊端，但民主政治仍有它的優勢。在任何社會環境中，沒有一種選舉制度——也許資本主義競爭除外——能完全測試出候選人的實際才能，就像馴馬人挑選賽馬一樣。所有選舉制度，在不同程度上，都重視候選人的其他品格，包括那些常常有害於實踐才能的品格。

民主政治雖然展現了人民對接受或拒絕統治者的機會，但其實際操作往往陷入了政治家們的利益糾葛。本書指出，在除瑞士以外的現代民主制度中，政治已逐漸成為一種職業，政治家們都集中精力於政治事業，將其他活動視為次要。這意味著政治家的特殊利益和集團利益也開始影響政治決策，往往與人民的利益不符。

政治家的職業化也造成了民主政治的行政效率問題。由於議會內外不斷的政治爭鬥，政府首腦和部長們必須花大量時間和精力應付各種攻擊和背叛，無暇顧及日常的行政管理。在一些國家，政府崩潰的頻率很高，領導人往往只能應付眼前的危機，無法從根本上解決問題。即使在較為穩定的情況下，政府也往往需要不斷控制內部矛盾，難以集中精力制定和實施長遠的政策。

由此可見，民主政治的職業化為政治帶來了一些不可忽視的弊端。

民主與社會主義的交織

在社會主義制度下,醫生、工程師等專業人士從事政治改革也可能陷入類似的困境。因此,如何在民主政治中建立高效行政體系,確保政治家的利益與人民利益相一致,仍是一個需要深入探討的重要問題。

民主政治的挑戰與反思

在探討政治菁英的能力和資質問題上,我們兩難往往並存。一方面,選舉制度並非完美,很難客觀測量候選人的實踐能力;另一方面,我們也不能輕易貶低政治家的才能。事實上,這牽涉到一個更深層的問題:政治成功是否就代表了卓越的領導力?

戰爭歷史為我們提供了一個特別有趣的視角。在古代戰爭中,獲得戰術性成功的能力與當選領導地位並非直接掛鉤。舉例而言,共和時代羅馬將軍大多都是直接透過選舉產生的政治家,他們擔任軍隊統帥,這在今天看來似乎是不可思議的。然而,這些政治家將軍卻往往做得出色。這一事實驅使我們反思,政治才能是否就等同於實戰操控的軍事技能。

或許我們可以做出這樣的推論:在某些領域,政治家所具備的個人魅力、操縱人心的手段、以及權力較勁的機敏,才是決定成功的關鍵因素。畢竟,能夠贏得政治領導地位的人,多少都具有一定的個人力量和其他才能,這些在製造出一位總理時是十分有用的。而這類才能,雖然未必直接反映在戰鬥技巧上,但卻可能是更加本質的領導特質。

我們不能因為選舉制度的缺陷就一概否定政治家的能力。相反,我們應該深入思考,什麼樣的才能才是真正重要的。政治家的成功,也許不在於他們的實戰技能,而在於他們的人格魅力、洞察力和調控能力。

我們不應輕易下定論，而是以更開放的態度，去探討政治菁英所需具備的真正特質。

民主政體成功的關鍵條件

如果物理學家發現一臺機器在不同時間和地點的運作情況不盡相同，他可以得出一個結論：機器的運作取決於機器本身以外的其他條件。我們對民主制度的認知也應如此。要了解民主學說可以在現實中得到接受的條件，與了解過去它適合現實的條件一樣容易。這個結論清楚地表明了我們堅持的嚴格相對論立場。就像沒有絕對論證支持或反對社會主義一樣，也沒有絕對論證支持或反對民主制度的理由。就如對社會主義一樣，在民主制度行得通的環境與行不通的環境之間，「其他條件」不可能完全相同，因此很難採用「其他條件相同」的論證方式。

我認為，要使民主制度在可以實施的社會中獲得成功，需要具備四個條件：

第一，從事政治領導和管理的人——領導政黨機器的人，進入議會和出任內閣職務的人——其政治素養必須達到足夠高的水準。這不僅意味著需要數量足夠的有能力和品德優秀的人，還要確保這些人真正投身政治事業。因為民主制度不是簡單地從全體人民中挑選人才，而是從願意接受政治職務的人中挑選。所有選舉制度都是如此運作的。因此，根據某種職務對才智和品格要求的不同，各種選舉方式在吸引這類人才方面的表現也會有所不同。

為爭奪權力而進行的競爭，一方面浪費了人員和精力，另一方面還容易在政治領域建立起一些條件，一旦形成，就會把能在其他領域有所

成就的大多數人排斥出政治領域。因此，擁有足夠適當的人才對於民主政府的成功至關重要。指望人民在民主政治中就能擁有他們所需要的或應該具有的政府品質，這是不可靠的。也許還有其他方法能獲得高素養的政治家，但目前的經驗顯示，唯一有效的保證就是存在一個自身經歷嚴格遴選過程、一心一意從事政治事業的社會階層，對外來者既不全然排斥，也不完全接受，而且強大到可以同化不斷吸收的成員。這不僅能為政治事業提供在其他領域已經通過考驗的值得信任的人才，還能賦予他們展現經驗的傳統、專業的法規和共同的觀點，增強他們對政治事業的適應性。

民主政治的四大支柱

民主政治的成功，有賴於幾個基本條件的滿足。首先，政治決定的有效範圍不應過於廣泛。它能擴充到多遠，不僅要根據民主方法的一般限度，還要根據每一個個別情況的特殊環境。有效範圍取決於政府能否成功處理各類問題，以及組成政府人員的素養和工作環境。民主政治並不要求國家的每一職能都受它政治方法的支配，如法官獨立性和一些聯邦機構的自治性便是良好例證。

第二，現代民主政府必須擁有一個強大、責任心和集體精神都強烈的官僚機構。這不僅是對由業餘人士管理政府的回答，也是解決國家管理範圍過大問題的關鍵。官僚機構須有足夠的獨立性和權威，能引導政治家並堅持自身原則。人員選任和晉升應主要取決於官僚體系自身意見，而非政治干預。

第三，民主政治需要公眾和各集團的自制配合。人們必須自願接受

法律和行政命令。但民主自制不僅如此，更要求公眾對政治決策持理性、開放和包容的態度，容忍和支持政治代表的適當行為。

最後，民主政治還需要公民具備一定的政治素養。只有公民能客觀評估政治議題，理解和接受政治決策的合理性，民主才能真正運轉良好。透過教育培養公民的政治意識和參與能力，是實現這一目標的關鍵所在。

只有具備上述四大支柱，民主政治才能真正穩步發展，造福人民。

民主政治的成功關鍵在於權力和責任的平衡。首先，選民和議會必須擁有足夠的智慧和操守，才能避免被騙子和瘋子所誤導。如果提出的法案忽視了他人權利和國家利益，也會損害民主政治的信譽和人民的忠誠。

改革議會或行政措施的建議，必須循序漸進，不能妄圖一蹴而就。正如在麵包店排隊一樣，必須自願接受秩序。特別是議會政客，必須克制自己，不被推翻政府的誘惑所誘惑。如果他們背道而馳，就無法制定有效的政策。政府支持者必須接受其領導，反對黨則應扮演好「影子內閣」的角色。這種守成主義是維護議會程序的目標之一。

投票民眾也必須尊重他們與當選代表之間的勞動分工。他們不應在兩次選舉期間過早地撤回對當選人的信任，更不應試圖教唆他們應該如何行事。這一原則源自伯克時代，與古典民主理論存在衝突，意味著放棄了直接民主。

同時，民主還需要對意見分歧有高度容忍。每個競爭領導權的人，只要未被剝奪權利，都應有發表意見的機會，不會出現混亂。即使遭到攻擊，也要耐心聆聽。這需要自我克制和尊重他人觀點，是民主政治賴以存續的基礎。

人類社會日益複雜，成功的民主政治必須在自由與秩序、公民和代

民主與社會主義的交織

表之間找到微妙的平衡。僅有理想是遠遠不夠的,還需要公民和政治菁英的高度自制和真誠。這才是民主政治難能可貴的所在。

每一種政治制度都需要一定程度的脫離常規實踐才能持續發展。然而,即使是最小限度的必要民主自制,也需要特定的民族性格和習慣,而這些在任何地方都無法自然形成,也不是單單依靠民主制度本身就能產生的。這種自制能力在任何地方都會隨著嚴格考驗而大大削弱。

我們回顧之前提到的各種條件,就能清楚地了解,只有當所有相關利益集團都真誠地忠於國家和社會根本原則時,民主政府才能發揮其最大潛力。一旦這些原則受到質疑,引發撕裂國家的對立,民主政治就會陷入不利處境。當涉及的各方利益和理想是人民無法妥協的,民主政治很可能難以為繼。總之,在艱難時期,民主方式將處於不利地位。

事實上,所有類型的民主政治都承認,在某些特殊情況下,放棄競爭產生領導,轉向一種壟斷性領導是合理的。在古羅馬,憲法規定在緊急時期可以授予一個非選舉產生的職位——「人民的老師」或「獨裁者」——以行使這種壟斷領導權。我們知道,所有的憲法中,包括美國在內,都有類似的規定,賦予總統在特定情況下類似於古羅馬獨裁者的權力。

如果這種壟斷權力受到有效限制,比如明確的時間限制(如古羅馬所實行的),或者只局限於特定的短期緊急狀態,那麼競爭性民主原則只是暫時中斷。但若是沒有任何時間限制的壟斷,不論在法律上還是事實上,那麼民主原則就將全面喪失,我們就進入了現代意義上的獨裁統治。因此,民主政治在維護自身的同時,也必須謹慎地管控潛在的危機干預手段,以免淪為另一種獨裁制度。

一個新的民主社會

　　在探討我們的結論時，我們必須從民主與資本主義制度的關係談起。從語意學的角度來看，民主的意識形態建立在理性主義對人的行為和生命價值的圖景之上。正如前面的論證所示，這事實本身已經足以表達它是資產階級的理論。歷史也清楚地證明了這一點：現代民主政治與資本主義的興起是同時發生的，二者之間存在著因果關係。從民主實踐的角度來看，這一觀點同樣正確：在我們所指的競爭領導權意義上的民主政治中，政治和制度改革的過程由資產階級主導，用於重塑原有的社會和政治結構，並根據自己的觀點對其進行合理改造。民主方法是這一重建工作的政治工具。

　　我們知道，民主方法也曾在一些非資本主義和前資本主義社會中得到應用，而且效果很好。但是現代民主政治無疑是資本主義過程的產物。那麼，民主政治是否會隨著資本主義的消亡而走向消亡，這是另一個問題。資本主義社會運用由它形塑的民主方法，效果如何又是另一個問題。

　　就後者而言，資本主義社會在某些方面運用得相當出色。資產階級有一套特別適合將政治決策領域縮減到可以用競爭領導權的方法加以處理的解決方案，即透過限制國家權力的範圍來限制政治領域；它的解決方案在於實行一種理想的極端節約型國家，這種國家的存在主要是為了保證資產階級的合法性，並為所有領域內自主的個人努力提供堅實的精神基礎。此外，如果考慮到和平——至少在原則上是反軍國主義的——以及自由貿易的種種趨勢（這被認為是資產階級社會固有的），我們會發現資產階級國家中政治決策作用的重要性至少在原則上可以降低到任何所需的程度。

民主與社會主義的交織

然而，這種國家顯然已不再吸引我們了。資產階級民主無疑是一種特殊的歷史情況，我們評判它提出的任何要求，都不應以是否接受它作為標準。但是說我們不喜歡的解決方案不是解決方案，資產階級民主不是民主，這是荒謬的。相反，隨著它的色彩逐漸消退，我們更需要認識它在鼎盛時期是何等鮮亮；它為家族（或者說為個人）提供的機會是何等廣泛和平等；它給予經過它考驗的人們（或者是他們的孩子）的個人自由又是何等充分。同時，我們也需要了解，至少在數十年間，它能巧妙地應對不適當的條件，在面對不符合和敵視資產階級利益的要求時發揮的功能是何等恰當。

在另一方面，全盛時期的資本主義社會完全能承擔使民主政治獲得成功的任務。一個讓它不受干擾去實行民主自制最能符合它利益的階級，要比自然地試圖依賴國家而生存的階級，能比較容易地完成這個任務。

資本主義正在逐漸失去以往的優勢，與國家理想結合的資產階級民主運作變得越發不靈活。這部分是由於當國家在根本性社會問題上有分歧時，民主方法難以有效運作。而資產階級社會也無法產生能成功進入並爭取政治領導權的非資產階級個人，這進一步限制了民主的發展。

社會主義思想雖然有資產階級思想的理性主義和功利主義基礎，但仍須克服一些挑戰。最關鍵的是，如果社會主義要負起使民主方法發揮作用的任務，它能否做得很好。這需要解決兩個主要問題：

1. 國家管理範圍擴大並不意味著政治管理範圍一定擴大。社會主義社會可以設法使日常經濟管理遠離政治鬥爭的環境，減少官僚主義低效的問題。

2. 民主程序的形式和機構並非一定與資本主義連在一起。在社會主

義制度下，它們仍可作為處理議事日程的有效工具。但政治家必須避免過度干預經濟管理的內部事務，保持政治要素與效率間的適度平衡。

總之，社會主義要成功實行民主，須具備充分的經濟管理能力和經驗豐富的官僚階層，這是極其重要的前提條件。只有在這樣的基礎上，民主社會主義才有可能真正實現。

我曾多次強調，除非大多數公眾堅決遵守民主競爭的規則，並真誠接受其制度結構的基本原則，否則我們不能指望民主政治能發揮令人滿意的作用。不幸的是，目前這種條件尚未具備。許多人拒絕，更多人打算拒絕對資本主義社會準則效忠，這將不可避免地使民主政治遭遇越來越多的阻礙。

但在可預見的將來，社會主義可能彌合這一裂隙，透過重建社會組織的基本原則，重塑人們的共識。如果它能做到這一點，那麼殘餘的對抗就完全是民主方法所能應對的了。這些剩餘的對抗，由於消除了相互矛盾的資本主義利益，其數量和重要性將進一步減少。農工關係、大小工業關係、鋼鐵工業關係、保護主義與出口工業關係等，都可能不再是需要利益集團力量較勁的政治問題，而是專家能夠給出冷靜明確答案的技術性問題。

當然，我們不能指望這些關係完全無利益衝突或意見分歧，但相比資本主義鼎盛時期，爭論不休的問題數量勢必會大幅減少。政治生活將變得更加簡單純粹。但從外表看，社會主義似乎對一些傳統社會所解決的問題，如政治階層的穩定，未必有更好的辦法。

我此前曾說過，將會出現一支政治職業隊伍，但其品質難以預測。到目前為止，社會主義仍占據優勢。但有人可能會說，這種優勢很容易被重大偏差所抵消。事實上，我們對此有所準備。我們堅持認為，經濟

的成熟意味著，不必要求這一代人為下一代人的利益作出極大犧牲。

然而，即使無須透過國家計畫讓人民艱苦勞動，維持民主過程的任務也證明是極其微妙的。使得執政者能夠順利解決這一任務的環境，可能並不容易想像。更容易想像的是，面對來自整個國民經濟的癱瘓，可能迫使執政者採取某些誘人的行動路線，這對於那些看到社會主義組織內固有的強大統治力量的人來說是如此。

歸根結柢，社會主義經濟的有效管理，意味著在工廠內對無產階級實行專政，而非由無產階級專政。雖然在選舉中工人仍有主權，但正如他們可以利用這種主權放鬆工廠紀律一樣，政府也可以利用這種紀律來限制這種主權。因此，社會主義民主最終將被證明比資本主義民主更加虛偽，並非意味著個人自由的增加或更接近古典民主理想。

時代的夢想與局限性

時代的夢想與局限性

　　回顧歷史，社會主義思想的根源可以追溯到很久以前。然而，只要這些學說無法說服人們，社會發展必然導向社會主義的實現，它們就只是美麗或可怕的幻夢，是由接觸社會現實產生的無力的渴望。只要它與現存的或潛在的社會力量泉源沒有確定的接觸，社會主義者的努力就等於對著荒野說教──柏拉圖式的說教，沒有一個政治家需要為之操心，沒有一個社會過程的觀察家需要把它列入能發揮作用的要素。

　　馬克思批評先於他的或與他同時的提出競爭性教義的社會主義者的要旨，正是因為這些計畫根本上沒有執行過也不能執行。我們可以看看幾個例子，就足以說明這一點。

　　湯瑪斯·摩爾爵士的《烏托邦》雖然引起了廣泛的關注和讚賞，但它只能被視為一種批判社會的文學形式，而非實際的社會計畫目標。因為它沒有指出社會怎樣逐漸趨向那個理想境地，或者什麼是產生理想境地所依靠的真正要素。

　　另一個例子是羅伯特·歐文的社會主義實踐。歐文不滿足於想像，而是著手去實現他的想法，首先希望政府有所行動，然後試圖建立一個典型來實施他的計畫。但實際上，這種橋梁只有助於更明確地說明烏托邦主義的性質。因為不論是政府行動還是個人努力，都似乎只是一些外來的救星，而無法指出有任何社會力量為這個目標努力。

　　整體而言，這些社會主義思想雖然美好，但缺乏與現實社會力量的系統連繫，因而最終只是空洞的幻想。要實現社會主義的理想，需要對現實有深入的認識，找到推動社會變革的內在動力。只有這樣，才能夠走出理想與實踐之間的距離，把夢想變為現實。

　　在社會主義的發展歷程中，空想社會主義和科學社會主義是密不可分的兩個階段。早期的空想社會主義思想家，為社會主義的理論鋪平了

道路，為後來的科學社會主義奠定了基礎。

無政府主義的代表人物，如普魯東，儘管在經濟學論證上存在一些錯誤，但他們對個人自由和無政府合作的主張，對社會主義運動產生了重要影響。馬克思雖然對 M·巴枯寧的做法感到厭惡，但無政府主義思潮中那些飢餓而非貪婪的非理性渴望，也成為推動社會主義前進的一股力量。

同樣，聖西門的著作也為後來的社會主義注入了理性與責任心的分析。雖然他的方法建議仍主要依賴於政府行動，但他勾勒的社會主義藍圖，為馬克思和他的同代人提供了可資討論的對象。

另外，眾多空想社會主義者的創造性工作，也為科學社會主義奠定了基礎。他們制定的社會主義計畫方案，即使存在缺陷，但為後來的理論發展提供了不可或缺的素材。甚至連一些對純經濟分析的貢獻，也為科學社會主義理論的發展提供了養分。

因此，從空想到科學，是社會主義理論發展的自然歷程。前者為後者奠定了基礎，後者對前者進行了批判和昇華。兩者相輔相成，共同推動了社會主義理論的不斷完善與進步。

馬克思與知識分子的關係

馬克思並不認為空想社會主義者與群眾運動完全脫離。相反，這些知識分子常與農民、工匠等階層建立密切的連繫。馬克思及其後的社會主義者，更是視無產階級為社會主義的唯一力量泉源，認為工人運動才是社會主義的本質。但事實證明，工人運動並非純粹的社會主義運動，有著自身的特點。馬克思主義視無產階級在社會變革中扮演關鍵角色的觀點，也可能過於理想化了這個階級，將其過度簡單化。

時代的夢想與局限性

我們應該明白，社會變革是一個複雜的過程，不同階層和知識分子都會參與其中，發揮各自的作用。社會主義不可能單單依靠一個階級的力量，而是需要各方共同推動。馬克思及其後繼者太過偏執於無產階級的力量，忽略了其他社會力量的重要性。這種對工人階級地位的過度強調，導致其學說帶有一定的偏頗性，可能無法全面掌握社會變革的複雜性。因此，我們應該超越馬克思的框架，以更開放的視角看待社會主義與知識分子、群眾運動的關係。

馬克思與其他先輩思想家不同，他試圖為現存的社會運動找到合理化的基礎。雖然他及其繼承者確實部分掌控了這個運動，但他們與空想社會主義者的分歧並沒有馬克思主義者試圖讓我們相信的那麼大。事實上，空想社會主義者的思想中包含更多的現實主義，而在馬克思思想中則包含更多的非現實主義幻想。

根據這一事實，我們更應重視未成年期社會主義者的見解，因為他們並非單單強調無產階級的作用。特別是，在我們看來，他們對政府和無產階級以外階級的期望更加貼近現實、少於幻想。因為對於早期社會主義者而言，國家、其官僚機構以及掌控政治機器的集團，都是潛在的社會力量泉源。可以清楚地看出，他們很可能與群眾擁有相同的「辯證必然性」，最終走向所嚮往的方向。而我們所稱的費邊社會主義，即資產階層所扮演的附庸角色，也頗具啟發意義。

馬克思所選擇的社會力量雖然在實際上極為重要，但在邏輯上與正統社會主義者所視為詭計和異端的其他情況並無二異。社會主義的魅力並非源於能得到合理證明的東西，而是那些經濟學家一致譴責的神祕異端思想。而當社會主義者試圖遠離這些異端思想時，不僅對推動社會主義的浪潮視而不見，還可能引來其他勢力利用這股浪潮的危險。

因此，我們應客觀了解到，真正的社會力量是獨立於人們願望之外

的,它有助於建立社會主義,使社會主義逐漸獲得實在命題的性質。同時,既然如此,採取社會主義道路的政黨目前即可在這一空間內展開活動。這既是對馬克思主義的補充,也是對其的挑戰,展現了實現社會進步的雙軌道。

馬克思的理想與現實

對於馬克思面對的形勢,我們可以從幾個方面來理解:

首先,馬克思雖出身資產階級知識分子,但卻背叛了自己的階級,拋棄了祖籍,成為被趕出家園的知識分子。這也使他能夠更貼近同樣被邊緣化的無產階級群眾,並對他們的解放產生了強烈的情感傾向。

其次,馬克思作為一名國際主義者,他不局限於某個特定國家的問題,而是把目光放在跨越國界的無產階級整體。他相信無產階級沒有祖國,可以形成一個超越國家的社會主義國際。這種理想是理性且邏輯的,但難免會與人們對家國的情感產生張力。

第三,馬克思雖然出身資產階級,但他的血液裡卻流淌著民主精神。他深信以民主為中心的資產階級價值觀,並認為社會主義運動必須建基於民主原則之上。然而,他又必須面對這種資產階級理念與社會主義理論之間的矛盾,並試圖以宣稱「只有社會主義民主才是真正的民主」的方式來化解這一難題。

整體而言,馬克思面臨的形勢是複雜的。一方面,他繼承了資產階級的理念與情感,但另一方面又徹底否定了自己的階級,投身於無產階級解放事業。這種矛盾與掙扎,既是馬克思個人經歷的寫照,也反映了社會主義運動在現實中所面臨的重大挑戰。

時代的夢想與局限性

　　馬克思的政治哲學與其他同時代的社會主義思想家存在著極大的差異。這不僅展現在理論觀點上，更深刻地反映在實踐取向與處境之中。

　　即使是與同樣出身德國知識分子階層、深受西元1848年革命的影響的拉薩爾，馬克思也展現出了迥然不同的政治立場。拉薩爾並未如馬克思般被趕出家鄉，他仍與國家和其他階級保持著連繫，並沒有成為無國籍的國際主義者。這些微妙但關鍵的差異，足以造就完全不同性質的社會主義路徑。

　　站在馬克思的先驗論角度，他所面對的政治現實也遠非理想。當時的工人階級已逐漸趨於現實主義和保守，對激進主義感到失望。工人領袖們更關注於在現有的資產階級政治框架內，穩紮穩打地增強工會的法律地位和經濟實力，對革命思想存有戒心。他們主要代表工人階級的上層，對底層則存有不屑之感。

　　在這種情況下，馬克思和恩格斯難以直接接觸和組織工人群眾。一方面，他們看到了「可尊敬的」工人的態度；另一方面，也目睹了大城市無法組織的「寒酸民眾」的狀況，後者反而不太願意著手去組織。這讓他們陷入了令人煩惱的兩難境地。

　　儘管馬克思和恩格斯了解到工會運動的重要性，但由於完全處於運動之外，對工會難免存有不信任。工會的立場也可能傾向於資產階級立場，這對追求階級鬥爭的他們來說是難以接受的。於是，他們被迫退回到具有鮮明社會主義特徵的位置上，與工人運動保持一定距離。只有在工會運動出現激進化的機會，才會暫時與之合作，以期將之改造成為階級鬥爭的工具。在此之前，他們必須保持警惕，遠離工會運動的「淺薄無聊」。

　　這一根深蒂固的分歧，象徵著社會主義知識分子和工人群眾之間的根本性對抗，也是後來社會主義運動內部分歧不可調和的源頭。

在馬克思和恩格斯的時代，社會主義運動面臨了一系列複雜的策略困境。

一方面，隨著工業無產階級的崛起，社會主義在歐洲大陸逐漸成為一支重要力量。然而，知識分子對於工人運動的影響和干預卻遠遠多於工人對他們的支持。有些知識分子採取改良主義路線，強調眼前利益，成為社會主義運動的危險競爭者；另一些則是激進的「盲動主義者」，也被視為社會主義的最大敵人。在這種理論和策略環境下，馬克思和恩格斯不得不堅決反對這些形形色色的知識分子派別。

另一方面，面對具體的政治問題，馬克思主義者也陷入了棘手的困境。一方面，他們不能對資產階級政黨的活動保持完全消極的態度，需要批評資本主義、揭穿階級利益並組織新黨員。但另一方面，他們又不能與資產階級政黨合作，這有可能導致背叛社會主義信仰。這種矛盾的策略表現在，馬克思和恩格斯在西元 1847 年的共產黨綱領中，雖然列舉了一些有利於工人階級的改革措施，但同時又強調這些只是過渡性的權宜之計，並非社會主義的最終目標。

面對這種困境，馬克思和恩格斯提出了一些策略性建議，如利用資產階級內部矛盾、區分緊急情況下的短期合作與長期聯盟等。但在具體問題上，如何在堅持原則和迎合當前需求之間獲得平衡，仍是他們後來者面臨的挑戰。社會主義運動需要不斷探索應對策略上的困難，以確保運動的扎實前進。

時代的夢想與局限性

社會主義運動的起點與挑戰

「第一國際」的成立象徵著社會主義運動向前跨出了一大步。這個組織雖然不是社會主義政黨或無產階級的國際組織，但彙集了來自各地區和不同類型的工人團體，甚至獲得了英國工會的濃厚興趣，足見其在當時的革命運動和勞資糾紛中發揮著重要作用。

馬克思身為發起人之一，深知這個組織所面臨的種種可能性與危險。他一方面致力於保持組織團結，另一方面則試圖使其傾向馬克思主義。但由於他個人的追隨者始終在少數，而對其他成員的影響也遠小於預期，因此他不得不作出一些讓步，使演說中包含了不少非馬克思主義的觀點。

這種妥協策略反映了馬克思的政治智慧。他相信無產階級革命就在眼前，因此必須以錯誤的診斷為基礎建立政治方法。他熱切期待這場革命，就像早期基督徒期待最後審判般急切。然而，這並非代表他的政治敏銳性有多強，而是他計算好的一步步策略，旨在建立一個純潔、朝氣蓬勃，向著革命目標大步前進的無產階級政黨。

儘管有諸多值得批評的地方，但我們仍應理解馬克思的根本理念。在「第一國際」的時期，他正積極開拓社會主義運動的新領域，使之與各國有組織無產階級緊密相連。這無疑是一項極為重要的任務，比起其他一切，都是無足輕重的了。

社會主義在英國的發展與費邊主義

西元 1875 年至 1914 年間是個重要的轉折期。西元 1875 年德國社會民主黨誕生，儘管最初接納了拉薩爾主義的部分主張，但最終還是接受

了馬克思主義，並穩步發展，到 1914 年已是一支值得驕傲的力量。然而就在那年，它和其他社會主義政黨一樣，也陷入致命的危機。

相比之下，英國社會主義的發展卻大不相同。自從西元 1834 年歐文派的全國團結總工會垮台後，英國工人運動就再也沒有出現堅決的敵對行動。工人的經濟目標或得到自由黨支持，或得到保守黨同情。像西元 1871、1875 和 1876 年的工會法等立法，都沒有刺激到工人的好鬥心理。爭取普選權的抗爭也是由非社會主義團體來推動的。整體而言，英國政治社會的優秀特質得到充分展現，它們能避免走上法國大革命的道路，並能夠體面地放棄一些主張。

這樣，英國無產階級經歷了較長的過程才達到「階級覺悟」，直到西元 1893 年工黨才得以建立。但隨著新工會運動的興起，英國工人運動最終也與德國基本沒什麼不同了。

在這個背景下，費邊主義者這個資產階級知識分子小團體尤其顯得重要。他們雖然被馬克思主義者輕蔑視為對自己小團體的誇大，但事實上在英國社會主義道路上扮演了與德國馬克思主義者同等的重要角色。他們源於邊沁和穆勒的傳統，以同樣的實事求是的進步理論，努力為理性的重建與改善而工作。費邊主義的發展，折射出了英國社會主義運動的特色。

他們並非只是一群理論家和學者，而是積極地將他們的思想付諸於實際政治活動。他們不斷捍衛自己的論點，透過大量研究和批判性思考收集論據。然而，他們對社會的基本運作機制卻非常確信，宛如一些善良的英國人般，認為自己理所當然是正確的。即使在面對明顯的貧富差距時，他們也會將之歸類為「壞東西」，而更支持某些「好東西」如經濟平等、印度自治政府、工會等。

時代的夢想與局限性

這種思維背後，蘊含著一種全心全意為公眾服務的精神，同時也帶有不容許任何不同見解的強烈態度。初期，他們無法獲得任何外部支持，只能靠自己透過演講、著作和小冊子等方式向工人階級和中產階級宣傳。不過，他們最為重要的影響力來自於接觸「要人」——政界、商界和勞工界的領袖及其助手。作為社會名流，他們有機會與這些人建立連繫，並「為他們服務」。

與政府官僚系統合作是費邊社極其擅長的。他們熱衷於提供論據和建議，而政府部門則樂意接受。這一方面是因為他們對現有制度並非敵對，願意合作；另一方面也是因為當時的政府確實缺乏對新興社會問題的深入研究和全面理解。作為一個擁有大量現成論據和建議的團體，費邊社自然就成為政府的首選顧問。

費邊社成員並不追求個人權力和地位，而是樂於在幕後默默為公眾利益服務。隨著官僚機構日益龐大和強大，他們預見並贊同透過這種方式推進自己的民主社會主義綱領。因此，費邊社最終在政治決策中發揮了重要影響，成為塑造 20 世紀早期英國社會的關鍵力量之一。

費邊社社會主義的價值與爭議

費邊社社會主義在 1914 年之前的 30 年間確實發揮了重要的作用。他們以勤奮、實際的態度整理和組織現有的思想，將各種可能性轉化為清晰的政策建議，為社會改革鋪平道路。作為真正的社會主義者，他們致力於社會的根本性重建，最終使經濟管理成為公共事務。

他們採取了與馬克思主義者截然不同的方式。而不是宣揚階級鬥爭和革命，費邊社成員更注重循序漸進、和平改革。他們擔心階級意識的

覺醒會引發動亂,破壞他們有條不紊地滲透資產階級社會的政治和行政體系的努力。他們更願意透過與工會合作、支持獨立工黨等方式,為社會主義在英國的實現而努力。

這種溫和、務實的作風無疑使他們免於受到激進馬克思主義者的攻擊。但同時也為他們帶來了另一些批評。有人指出,他們的方法可能使他們在資本主義制度的「外國防禦工事」上受阻,難以引發大規模的對陣戰。對此,費邊社成員的回答是,只要能透過充分改造而不破壞資本主義制度的方式獲得成功,這仍是值得慶祝的。他們認為,只要能逐步推進改革,就不必急於一時地進行大規模對抗。

整體而言,費邊社社會主義在當時可能是最切合英國現實情況的選擇。他們的溫和作風和務實方法,確實有助於社會主義理念在英國的傳播與實現。儘管遭到一些批評,但他們在為社會改革鋪平道路這一目標上,無疑發揮了重要作用。

費邊主義與馬克思主義在階級鬥爭問題上雖然存在對立,但這並不意味著前者一定是後者更優越的替代品。事實上,費邊社的成員在某種程度上可以被視為更好的馬克思主義者,因為他們更能夠掌握馬克思主義的核心精神,並將之與實際政治問題相結合,而不是局限於對革命目標的順從。

英國社會主義的發展呈現出與德國截然不同的面貌。西元 1875 年誕生的第一個純粹社會主義政黨——德國社會民主黨,經歷了從拉薩爾到馬克思主義的艱難轉型,最終在 1914 年危機中受挫。相比之下,英國的勞工運動卻始終秉持著溫和、務實的路線,未曾出現重大的對抗性事件。這主要是由於英國社會和政治體系本身的優異特質,能夠及時消解社會矛盾,並設法調和工人與資本家的關係。

時代的夢想與局限性

但這種表面上的寧靜並不代表英國就沒有社會主義運動。相反，正是因為英國工人階級經歷了較為緩慢的覺醒過程，才使得獨立工黨在西元1893年得以終於成立。而新興的工會運動也最終昭示了英國社會主義事業與德國同胞並無太大區別。

整體而言，此種對比展現了社會主義在不同國家發展的多樣性。在追求共同目標的同時，各國社會主義者需要對本國實際情況作出靈活的調整，才能更好地推動社會變革。費邊主義和德國社會民主黨都代表了這一歷史程序的重要組成部分，值得我們深入探討和反思。

社會主義的平穩改革之路

費邊社成員反對馬克思主義革命思想，堅持透過改革而非暴力鬥爭來實現社會主義。他們認為，透過穩步推進社會改革，逐步將資本主義制度改造為公共管理的社會主義經濟，才是更符合馬克思基本理論的實現方式。

費邊社成員認為，突然的階級鬥爭和政治暴力並非必要，反而容易引起資產階級的警惕和抗拒，阻礙社會主義事業的程序。相反，他們主張透過溫和的改革，循序漸進地滲透進政治、經濟體系，實現社會主義的和平轉型。

在費邊社看來，馬克思主義者過於急進，缺乏對現實環境和社會力量的深入認知。他們認為，馬克思本人的理論雖有革命性，但若生硬地套用於實際，很可能適得其反，反而使社會主義遙遙無期。

因此，費邊社提出了漸進改革的方案：首先透過參與現有的政治體

系,推動一步步的社會改革,如工會活動、地方政治等;然後再建立獨立的工人政黨,從而在國家層面上推進社會主義程序。他們相信,只有循序漸進地改變資產階級社會的整體面貌,而非一蹴而就的暴力革命,才能最終實現馬克思所追求的社會主義理想。

◆ 時代的夢想與局限性

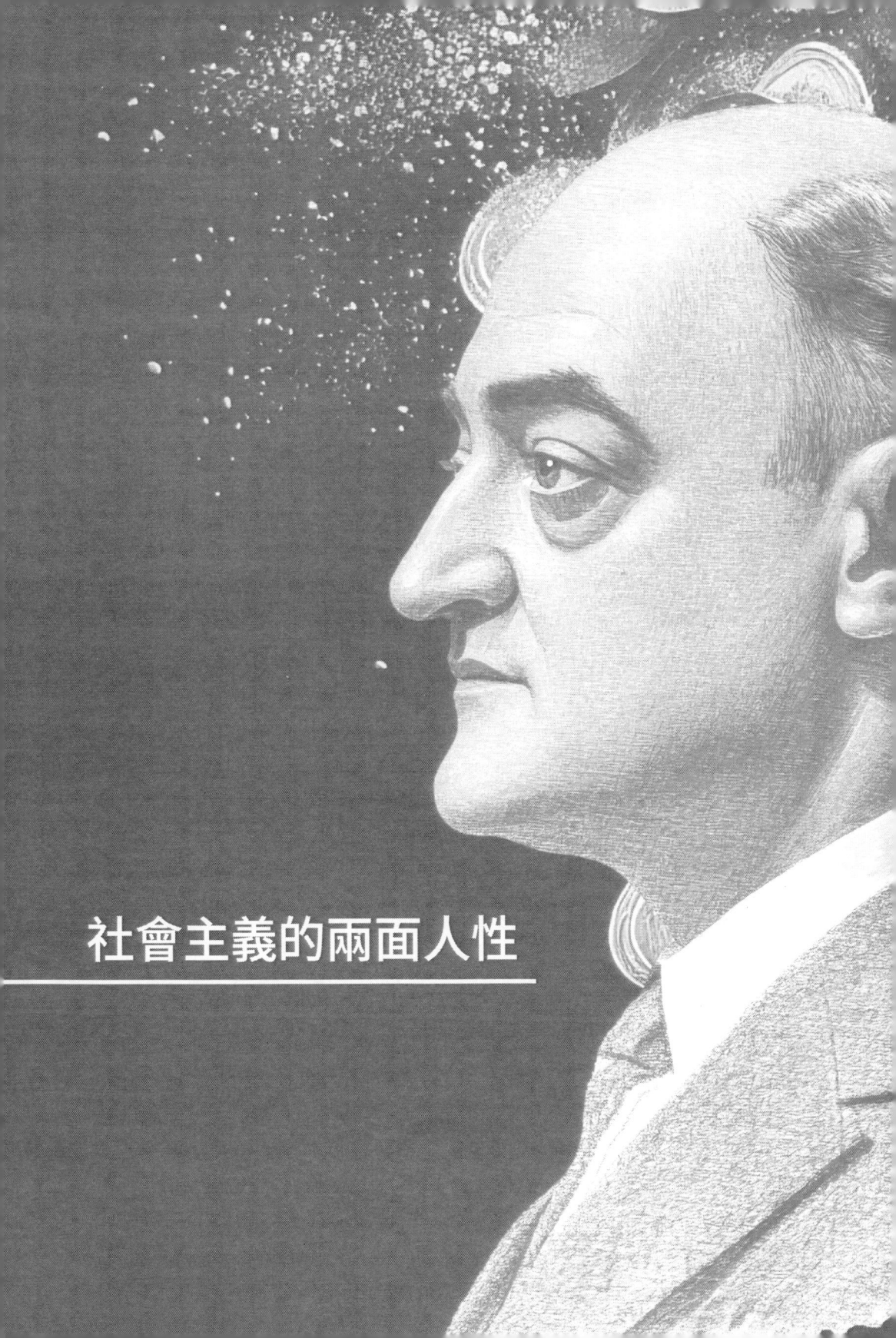

社會主義的兩面人性

社會主義的兩面人性

在瑞典和俄羅斯這兩個大陸國家中,我們可以看到社會主義運動呈現出截然不同的面貌。

瑞典的社會主義運動可以說是與其他國家迥然不同。它是由幹練而認真的領導層所帶領,緩慢而穩定地成長,並不試圖走在正常發展的前面。它與國家的正常社會程序合拍,不會引起任何騷動。瑞典社會主義領導人更是能以平等地位和主要的共同基礎來對待其他政黨。即使有小型共產主義團體出現,政黨之間的分歧也不過是在討論一些細微的施政議題。知識分子和工人之間的對抗也微乎其微,因為瑞典社會的文化鴻溝並不大,知識分子也沒有被激怒的傾向。這種情形可被視為社會主義運動受到「削弱性控制」,但這反映了瑞典特有的社會和種族環境。瑞典的社會主義者對馬克思主義的接受是輕微的,更多是本土化的特色。

相反,在沙皇俄國這個主要擁有前資本主義面貌的農業國中,社會主義運動則呈現出完全不同的樣貌。這裡的社會主義者更接近純粹的馬克思主義,充滿了全部馬克思主義的色彩。工業無產階級只占總人口的一小部分,資產階級的人數也相應較少。而插入這個結構中的知識界,他們的思想卻是陌生的,猶如俄國上流社會婦女的巴黎服裝一般。顯然,瑞典和俄羅斯這兩個國家的社會主義運動,都深深烙印著各自獨特的社會環境和歷史條件。

對於許多知識分子來說,沙皇統治本就令人反感。沙皇政權是由一個專制的國王(獨裁者)率領的龐大官僚機構,與土地貴族和教會勾結為伍。這一歷史解釋在輿論中廣為流傳,甚至是最反對繼承沙皇政權的作家,也不得不向讀者保證他們對這個「怪物」充滿厭惡。然而,這樣簡單化的描述卻忽視了沙皇政權在當時的社會環境下,實施的一些有益改革和漸進的立憲程序。

放眼全球,各國的政治制度都有其適配的社會基礎。沙皇政權雖然是

專制，但也不見得比英國的議會君主制或美國的民主共和制更不適合於當時的俄國社會。其官僚機構的運轉效率，考慮到所處的環境條件，也遠高於外界的普遍認知。它在農業和其他領域的改革，以及走向初步憲政的緩慢步伐，都做到了在那種環境下可以期望的程度。真正與俄羅斯民族精神不符的，反而是來自外部的激進主義和某些知識分子的集團利益。

從歷史事實來看，要在沙皇專制政權下突然進行重大的政治改革是不可能的。因為主導這一改革的自由主義者，無論是律師、醫生、教授還是文官，其實力和群眾基礎都遠遜於執掌沙皇主義的原有集團。即使他們得逞，所建立的政權也不會比前者更受群眾擁戴和體諒。在1905年的俄國形勢下，社會矛盾激化固然引發了動盪，但俄國政府最終還是證明有能力克服混亂，並解決其背後的深層次問題。這與西元1789年法國大革命時的情況大不相同。

可以說，沙皇政權的生命力並未如法國舊政體那般已然消失。假如無1914年爆發的世界大戰導致社會過分緊張，俄國君主政體完全有可能在經濟發展的影響下，平穩地進行改革。相反，正是由於社會結構的基本穩定，才使得那些知識分子被迫走上犯罪暴力的激進道路。他們採取的那種劇烈程度與實際效果成正比的手段，只能換來鎮壓而非改革。於是，一場又一場的暗殺和報復就這樣循環發展，最終走向了悲劇的深淵。

革命與背離——馬克思主義的俄國命運

馬克思並非盲目追隨者，他對俄國部分革命者的激進作為表示深深輕蔑和憤怒。畢竟，按照他自身的理論，俄國的社會和經濟條件並不具備社會主義勝利所需的基礎。

社會主義的兩面人性

但對俄國知識分子而言，馬克思主義卻成為了一股趨之若鶩的革命真理。他們渴望逃離民粹主義的「可怕荒漠」，而馬克思閃閃發光的詞藻和千年預言恰恰滿足了這一需求。儘管馬克思的理論並不完全適用於俄國實際情況，但篤信者們仍然熱切地追隨，因為他們聽到了自己想要聽到的東西。

隨著實際形勢與馬克思的設想越來越遠，俄國知識分子反而越是迫切地期望從馬克思那裡找到解決問題的方法。社會民主黨應運而生，開始時以知識分子為主導，後來逐步吸引工人參與，建立起祕密的工人組織。

然而，這個過程並非一帆風順。一個馬克思主義團體的創始人普列漢諾夫等人雖然忠誠於革命目標和方法，但卻擔心黨內正逐漸出現傾向於急進行動的團體。1903 年，布爾什維克和孟什維克分裂，揭示了兩個集團背後更深層次的分歧。

列寧顯然洞見了俄國局勢的複雜性。他意識到光靠工人階級的自發行動是不夠的，需要一支訓練有素、無所顧忌的革命武力作為推動力量。但這也意味著他要一定程度地背離馬克思主義的教義。

在這樣的背景下，列寧企圖控制黨內事務，遭到了一些馬克思主義者的抵制。他們以捍衛馬克思主義為名，反對列寧的作為。然而，列寧並未完全背棄馬克思主義，而是試圖讓其適應「帝國主義時代的社會主義」。這無疑象徵著一個轉捩點，馬克思主義在俄國的命運已然偏離了創始人的初衷。

新時代的挑戰：美國社會主義的成長曲折

美國社會在 19 世紀末至 20 世紀初經歷了極大的嬗變。與俄國不同，美國的社會主義運動發展面臨著重重挑戰。

與俄國的農業社會相比，美國的農業社會表現出了強烈的反社會主義傾向。儘管俄國的鄉村社會有一些共產主義特徵，但實際上並未受到現代社會主義的影響。相反，美國的農業社會卻準備排斥任何具有重要影響力的馬克思主義活動。

在工業領域，情況同樣複雜。如果說俄國的工業部門由於資本主義發展緩慢，未能形成重要的社會主義群眾政黨，那麼美國的工業部門則相反，資本主義發展迅速，也未能孕育出強大的社會主義力量。

最關鍵的差異在於知識分子階層。與俄國不同，在19世紀末之前，美國並未出現大量無業和受挫的知識分子。相反，受到開發國家經濟潛力這一全國性事業的吸引，大部分才智之士都投身於實業界，並深深地認同實業家的價值觀。即使有少數知識分子持有更為激進的思想，也往往受到中產階級對大企業的普遍敵視所主導的「務實」氛圍的抑制。

這種情況在工人階級中也有所展現。美國工人普遍採取務實的態度，致力於透過自身的機會向上攀升，或者出賣自己的勞動力以獲取最大利益。他們往往能夠理解和認同雇主的思考方式，在組織工會時也更多地注重自身利益的直接改善，而非激進的階級鬥爭。

整體而言，美國社會主義運動的發展面臨著深刻的社會文化障礙，難以像俄國那樣形成廣泛的革命性群眾基礎。這是美國與俄國兩個社會在社會主義崛起過程中的重要差異。

美國勞工界中存在這樣一個現象：隨著大批移民湧入，除了性格優秀的勞工，也有不少性格低下的人加入其中。這些人可能因過去的不幸遭遇，或長期居住在惡劣環境中而淪為剝削的對象。他們容易受到欺壓，缺乏道德約束的情況下，一些人的反應往往是盲目和衝動的仇恨，甚至走向犯罪。

◆ 社會主義的兩面人性

在飛速發展的工業社會中，維持法律與秩序變得困難重重。粗暴的勞工以更粗暴的方式反抗雇主，而雇主也不得不採取殘酷的手段來維護自己的利益。這種環境不利於勞工運動和社會主義思潮的發展。

勞動騎士團曾在西元 1878～1889 年間擁有強大力量，展開過一些有意義的活動。它集結了各種社會主義、合作主義甚至無政府主義思想，但缺乏明確的目標。當它明確支持社會主義信仰時，組織內部就開始分裂。後來類似的運動，如人民黨運動、亨利·喬治運動等，也都重複了這樣的經歷。

由此可見，在當時的美國環境下，沒有也不可能有進行社會主義群眾運動所需要的基礎和動力。從勞動騎士團到世界產業工人聯合會的演變，都證明了這一點。即使像丹尼爾·德萊昂這樣虔誠的馬克思主義者，也無法在美國掀起真正的社會主義運動。社會主義勞動黨和德萊昂的社會主義職工同盟最終都沒能在工人階級中獲得足夠的支持，反而在內部分裂中衰落。可以說，美國當時的社會環境，注定了社會主義運動無法在此真正扎根。

美國社會主義運動的興衰

社會黨在美國的發展歷程反映了社會主義運動在此地所面臨的獨特挑戰。它源於西元 1892～1894 年的勞工抗爭，當時罷工因遭到政府武力鎮壓而失敗，這使許多原本保守的工會成員思想有所轉變。在這樣的背景下，尤金·V·德布斯領導社會黨以政治行動為主軸，試圖與工會合作，在內部進行改革。

社會黨在原則上贊同歐洲社會主義大黨的革命理念，但並未過度強

調理論教育，反而給黨內相當自由的發展空間。雖然未能全面吸納當地勞工小黨，但社會黨直到戰後共產黨崛起前一直發展順利，可被視為美國唯一真正的社會主義政黨。它的競選實力在相當程度上依賴非社會主義者的支持，但仍彰顯其對社會主義事業的認真努力。

另一方面，西部礦工聯合會則代表了一種更加激進的工團主義傾向，為世界產業工人組織（IWW）的建立奠定基礎。該組織雖然領導力強大，但缺乏理論基礎，最終因內部分裂和與共產主義者的衝突而走向失敗。

這一歷程顯示，美國社會主義運動雖然汲取了馬克思主義的影響，但卻難以完全移植經典的社會主義理論。相反，它更多地展現了本土勞工運動的訴求和特點，在捍衛工人權益的同時，也面臨著理論基礎薄弱、內部分裂等問題。這或許反映了美國社會發展的特殊性，即跳過了社會主義階段，直接面向更高層次的社會變革。總而言之，社會主義在美國的遭遇，折射出這個國家在追求更公正社會時所面臨的獨特困境。

美國社會主義運動的歷程並非一帆風順。雖然社會黨在勞工運動中崛起，試圖從內部改革，但始終未能成為美國的主流社會主義政黨。相比之下，工團主義運動則更能引發工人的激進情緒，但卻倚靠暴力手段，最終未能達成任何實質性進展。

這些運動的興衰，呈現出了美國社會主義運動的獨特性。美國的發展歷程跳過了古典馬克思主義所描述的社會主義階段，反而直接邁向更為複雜的階段。對於社會主義者來說，理解並適應這一特殊道路，才是當務之急。

無論是社會黨的溫和改良主義，還是工團主義的暴力革命，似乎都難以在美國土壤上扎根。相反，美國的社會主義者需要摒棄教條主義，開放思路，尋找適合美國國情的方式。只有這樣，社會主義理念才能真

社會主義的兩面人性

正在這片土地上生根發芽。

我們不能將社會主義簡單地視為外來事物，而要認清其與美國社會發展之間的複雜關係。只有深入了解美國社會的特殊性，社會主義運動才能找到屬於自己的道路，為建設更加公平正義的美國社會貢獻力量。

法國社會主義思想的發展歷程相當悠久，但卻缺乏統一的社會主義信條。與英國的費邊社會主義或德國的馬克思主義不同，法國的社會主義運動更多帶有宗派性質，無法形成一個能夠廣泛吸引工人階級和知識分子的統一社會主義。

法國是一個典型的小資產階級國家，資本主義發展較為緩慢，大型工業有限。此外，法國社會保守主義基礎牢固，工人階級、農民、手工業者和小資產階級都缺乏強烈的階級意識。即使出現激進社會黨等團體，其實也不太「激進」或「社會主義」。許多工人、專業人士和知識分子都適應了這種社會狀況，反對資本主義秩序的人不如反對教會和共和政體的天主教徒多。因此，法國發展嚴肅的社會主義運動的餘地並不多，但卻出現了各式各樣的社會主義和準社會主義流派。

布朗基主義就是一個很好的例子，它寄望於少數堅決的意志發動革命，但終未成氣候。直到西元 1883 年，由蓋得和拉法格建立的馬克思主義工人黨才初步出現。這支工人黨雖然沿襲了正統的馬克思主義路線，但卻從未像德國社會民主黨那樣在群眾和知識分子中占據重要地位，儘管在西元 1893 年議會選舉獲得不錯的成績，也最終促成了統一社會黨的成立（1905 年）。

法國社會主義運動的這些特點，反映了法國社會結構與其他國家的差異，也塑造了法國社會主義的獨特歷程。雖然缺乏統一的社會主義理論和組織，但卻孕育出了各種富有創造性的社會主義思潮。

回顧並反思法國議會政治的局限性

　　法國的議會政治呈現出一個有趣的社會模式。與英國政壇的有紀律大政黨不同，在法國，議會政治更像是小型不穩定團體之間不斷更換的交誼舞。這些團體會根據短暫的形勢、個人利益和陰謀，時而聯合、時而分裂，一會建立內閣，一會又搞垮內閣。

　　這種議會政治的後果之一就是政府效率低下。另一個後果則是讓社會主義和準社會主義團體有更多機會進入內閣，而在其他國家，即使社會主義政黨實力強大，政治運作也更加合理。在1914年國家進入緊急狀態之前，蓋得及其團體堅持正統風格，始終拒絕與資產階級政黨合作。但這個改良主義團體最終也變成了資產階級的激進主義，不再排斥這種合作。

　　社會主義者米勒蘭的加入瓦爾德克 - 盧梭內閣，與保守的將軍德・加利費共事，引發了很多爭議。大家不禁要問，這是不是背離了社會主義的原則和策略？這種對正統社會主義的背離，引起了整個歐洲社會主義陣營的強烈反彈。

　　然而，米勒蘭執政期間，也確實為法國工人階級做出了一些有益的立法和行政方面的貢獻。我們必須客觀地審視這一複雜的歷史脈絡，反思法國社會主義運動的道路選擇。無產階級應該小心謹慎地監視那些野心家利用自己的支持爬升權力的做法，以免重蹈覆轍。只有保持清醒的政治判斷力，才能避免陷入對政治社會主義的輕蔑和厭惡之中。

　　經過深思熟慮，我們不得不承認，社會主義的未來並非一片光明。事實上，整個國家都看到了政治效率低下、無能和草率行事的可悲景象，這是上述社會學模式的產物。人民已經失去了對政府、政界人物和粗製濫造的作家的信任，除了對過去偉大人物的懷念外，幾乎再也不尊

社會主義的兩面人性

重任何人和任何事物。一部分工人保留了天主教信仰,但大多數人都失去了信仰。

在這樣的背景下,一種新的政治力量正在崛起——工團主義。對於那些已經克服了資產階級傾向的人來說,工團主義比任何可靠的社會主義都更具吸引力。它不僅是一種革命性的工會主義,還包含了與後者無關的許多要素。工團主義厭惡政治,蔑視傳統政治機構和知識分子,訴諸工人的直覺而非理論。它承諾讓工人直接占有工廠,以肉體暴力去占領,最終以總罷工去占領。這與馬克思主義或費邊主義截然不同,工團主義沒有理論基礎,也無法為受過訓練的人所信奉。

但是,工團主義的崛起並非毫無來由。它被視為一種憑藉「直覺」而非理性的新社會主義,對於那些對資本主義民主理性主義感到厭惡,但又無法完全投向正統社會主義的人來說,格外具有吸引力。工團主義崇尚暴力和反智力活動,這在當時的群眾中引起了很大共鳴。

就這樣,一種奇特的同盟實際上產生了。工團主義最終將喬治·索雷爾視為自己的哲學家,並在革命的道路上成為了一股不容忽視的新力量。任何人都不能迴避這一現實,這是生活每天都在教導我們的真理。

要評價索雷爾的工團主義思想及其對革命運動的影響,我們需要了解一個基本事實——任何時代的革命行動和革命思想都具有一些共同之處。它們都是同一社會過程的產物,自然在許多方面以相似的方式來應對社會的需求。同時,在互相論辯中,革命團體與個人也常常會借用彼此的觀點,並試圖宣揚自己的立場。

但是,更令觀察者感到困惑的是,革命者們經常不知道自己的所屬歸宿(若有的話)。有時出於無知,有時出於對利益的正確判斷,他們會將相互矛盾的理念融合到自己雜亂的信條中。這就是人們對革命運動有

諸多解釋的原因所在。尤其是對於曾一度風靡一時、但隨後又被知識分子拋棄的工團主義，情況更顯複雜。

但無論如何，我們仍然可以評估索雷爾的工團主義思想對他自己意味著什麼，正如他所著述的《暴力論》和《進步的幻想》一般。他的經濟社會觀點與馬克思主義有所不同，這本身並不重要。重要的是，站在反智力活動激流中，索雷爾的社會哲學清楚地呈現了一股社會力量的初次實際表現。這股力量，從某種意義上說，過去和現在都是革命性質的，而從這種意義上說，馬克思主義反而不是真正的革命思想。

這就是工團主義及其代表人物索雷爾給我們啟示的重要地方。儘管它的思想有多種解釋和爭議，但正是這樣的複雜性使它成為理解革命運動本質的一扇重要窗口。透過索雷爾及其工團主義，我們可以更深入地剖析社會革命的動力與脈絡，從而更好地洞悉革命思想的源流與走向。

社會改革與德國特色的君主制

德國在西元 1875 年至 1914 年期間的社會改革發展與英國有著明顯差異。雖然兩國都出現了社會主義運動，但德國的發展卻呈現出一些獨特的特點。

首先，德國政府和官僚機構在社會改革中扮演了重要的推動角色。不同於英國自下而上的社會運動，德國政府主動制定了一系列的社會保障立法和政策。俾斯麥等保守政治家促進了社會保險等制度的建立，由政府主導並由受過良好教育的文官來實施。這種自上而下的改革方式使得德國在社會政策上領先於英國，呈現出較強的政府主導色彩。

其次，德國的社會運動和社會主義政黨也呈現出一些特點。即使面

社會主義的兩面人性

臨資產階級的反對，德國文官仍在貫徹落實改革，他們主要關注於具體的社會工作，而非階級鬥爭和革命。這些文官多來自於大學教授，他們雖然主張社會主義，卻採取較為保守和漸進的方式，形成了一種「講座上的社會主義者」的風格。

最後，德國的社會改革得益於強大的文官制度和政府政策導向。完善的行政機器和高品格的文官為社會改革提供了強大的支持，這與英國相比呈現出更大的成效。儘管德國的社會主義路線有其保守和局限性，但其卓越成果仍值得關注和思考。這可以說是一種社會改革的德國特色。

近年來，我們不得不承認，在這個問題上，方法和錯誤，個人和群體的缺乏才能，可能比邏輯更能解釋問題的根源。此外，我指出的其他任何原因都顯然是不恰當的。

當然，在一些邦的議會中確實有擴大選舉權的鬥爭。但對工業群眾最重要的事情在帝國議會的權力範圍內，因此俾斯麥一開始就實行了成年男子的普選權。更重要的是保護農業，提高麵包價格。這一措施無疑對社會氣氛有害，因為它的主要受益者不是農民，而是東普魯士的大中型莊園主。但這一事實是不可爭辯的，即到 1900 年左右，大規模外移才真正停止。

在國際關係方面，德國的殖民野心和其他對外野心，與英國和法國當時擴大帝國的果斷行動相比，並不過分。德國實際上所做或表示要做的，都無法與英國征服凱比爾、波耳戰爭、征服突尼西亞或法國征服印度支那相提並論。德國人慣於使用令人難以容忍的說話方式，以及恃強凌弱的姿態，這使得德國在全世界輿論中遭到厭惡。

在國內事務上也是如此。致命的錯誤實際上是俾斯麥犯下的，他試

社會改革與德國特色的君主制

圖以強制手段鎮壓社會主義活動,這導致社會主義者遭到監禁和流放,從而使得其後的發展更加惡化。流放中的人無法忍受軍國主義和軍事光榮的思想,而君主政體也無法容忍對軍隊和西元1870年光輝業績的蔑視,這導致了雙方的敵對。

不管有多少富有成果的社會立法,不管有多少遵守法律的行為,德國社會各方之間都無法避免相互呼喝「不行」,隔著紙板屏障互相謾罵,向對方擺出最可怕的面孔,原則上要把對方生吞活剝。這種局面並非出於真正的意圖傷害彼此,而是由於種種不幸的環境因素造成的。

當下的情況雖然存在某些危險性,但並非完全令人不安。聯邦和各州政府,以及組成其政府的文官們,主要關注維護誠實高效的行政機構、有益的進步立法,以及確保軍隊預算。這些目標並未受到社會主義者的嚴重威脅,尤其是軍隊預算的持續獲得大多數民眾支持。

由奧古斯特·倍倍爾傑出領導的社會民主黨,正在穩步鞏固和擴大其選票。政府機構也謹慎地給予該黨必要的活動自由,雙方都有理由對彼此表示感謝。與此同時,非社會主義政黨卻大多缺乏有效爭取工人選票的能力。

中央黨(天主教政黨)是一個例外,它準備在不激怒右翼的前提下,從事一些適度的社會改革,並採取教宗通諭的立場。但其他政黨則普遍與工人階級存在不信任,甚至仇視的關係。

對於社會民主黨而言,它既未表現得不負責任,也未掉以輕心。黨領導人懂得,在這種情況下,黨除了高舉馬克思主義旗幟,進行批判外別無他事可做。這種堅持,一方面是出於不想犧牲革命原則,另一方面也是意識到即使有些許利益可獲,也不值得冒犯革命原則的風險。

因此,這些表面上血腥激進的口號,其實大多出於愛好和平、善良

社會主義的兩面人性

的人,他們意識到自己很難真的去實踐。這就是當下德國社會主義運動面臨的挑戰與機遇。

革命路線的歷史爭辯

歷史往往是一段段不同立場相互較量的過程。對於社會革命這個如此劍拔弩張的問題,相關參與者彼此之間的思想較勁更是日益白熱化。在這場由內而外推動革命事業的奮鬥中,各派代表的觀點雖有分歧,但目標卻是一致的——推動社會向前發展,最終實現人類解放。

革命路線的質疑

隨著革命運動的發展,不少參與者開始對其言論策略產生疑慮。他們擔心,革命訴求如果過於激進,反而可能引發政治對立,最終引發不利的後果。其中包括德國社會民主黨內部的一些老中青三代人物,如老恩格斯等重要人物就公開呼籲「赦免」,說街壘戰出現了某些不便之處,信徒們未必非得全程參與不可。這一及時的調整,卻引發了一批「徹底急進」分子的強烈反彈,代表人物如盧森堡夫人便表現出極大憤怒。

革命理論的修正

在此之後,老於世故的社民黨開始著手對其核心理論概念進行修正。當時德國社民黨肢解理論的代表人物愛德華·伯恩施坦,便開始大刀闊斧地「修正」黨的信條。他對黑格爾唯物史觀、勞動價值論、剝削理論等馬克思主義基石提出猛烈批評,甚至懷疑社會主義的必然性。這一系列挑戰激起了黨內保守派的強烈反對,如考茨基等人便展開了激烈反駁。

革命事業的分裂

顯然，伯恩施坦的主張已觸動了黨內的神經敏感地帶。因為黨的政綱和生存本身，就寄託在馬克思主義這個看似神聖不可侵犯的信條之上。一旦接受伯恩施坦的改革建議，無疑會對黨的基礎造成致命一擊，引發嚴重的內部分裂。即使伯恩施坦有部分論點確實正確，但黨內阻力仍是很大，因為這涉及到一個信奉已久的革命理念的根本性改變。

因此，在這場革命理論的論戰中，各方立場雖有分歧，但最終目標卻是一致的──推動社會進步，實現人類解放的理想。這種不同理念的交鋒，也反映出了一個革命運動不可能一帆風順的本質。革命事業的推進，必然會遭遇諸多挑戰與考驗，需要各方積極應對，最終達成共識，方能不斷開闢革命的新道路。

在這樣一個環境中，倍倍爾所採取的路線既不是明顯的隨和，也不是明顯的專橫，這正如當時一些同道人和其他批評者所指出的那樣。他強烈地譴責修正主義，以此掌控左翼陣營。他在漢諾威大會（西元 1899 年）和德勒斯登大會（1903 年）上痛斥修正主義。但他在重申階級鬥爭和其他信仰條文的決議案中，卻讓「修正主義者」有可能順從，而這些人也確實順從了，因此並沒有採取進一步的措施反對他們，儘管我相信有過一些懲處行動。伯恩施坦本人在黨的支持下得以進入帝國議會，馮·福爾馬爾也得以繼續留在黨內。工會領袖們聳聳肩膀，對一再灌輸的理論竊竊私語，他們早就是修正主義者了。但只要黨不干預他們當前的利害關係，也不要求他們做他們不喜歡做的事，他們就不會很介意。他們維護一些修正主義者，也保護他們的文化機構。他們明確表示，不管黨的哲學如何，只要公事公辦，該做的事情就是這些。而把理論視為至關重要的知識分子修正主義者和某些非社會主義的同情者（他們想要參

社會主義的兩面人性

加不強調階級鬥爭和革命的社會主義政黨）則有不同想法。正是他們在談論黨的危機，並對黨的未來表示擔憂。他們這樣做是有充分理由的，因為他們在黨內和黨周圍的前景確實受到威脅。事實上，本人既不是知識分子，也不是溫和激進主義者朋友的倍倍爾，急忙警告他們放棄這種想法。然而，黨的基層成員並沒有受到太大的干擾，他們追隨著自己的領導人，高呼著他們的口號，毫不在乎馬克思或倍倍爾對此會有什麼想法，直到他們不得不為捍衛自己的國家而拿起武器。

奧地利黨的平行而不同的發展，為我們剛才概括描述的局勢提供了一些有趣的說明。

第二國際的成立（西元 1889 年）展現了社會主義陣營內部試圖調和不可調和事物的一種折衷妥協。與已消逝的第一國際不同，第二國際不是革命活動家的指揮部，而是企圖組織所屬政黨和團體之間的連繫、統一觀點、協調行動路線，並限制不負責任行為、鼓舞落後者的國際協調機構。

雖然第二國際在實質性成就上可能微乎其微，但其意義在於試圖為不同主張和路線的社會主義者們搭建起一個溝通交流的平臺。作為一個聯盟組織，第二國際給予各國黨和團體充分的自主權和自由，允許他們有多元參與其他國際組織的空間，而非將其作為一個統一指揮的中心。

這種承認分歧、允許自由的方式，正是第二國際得以維繫的根本。不同於馬克思主義大黨德國人的嚴格準則，第二國際包容了資產階級激進主義和反上層階級政府情緒的其他社會主義團體，縱使它們並非馬克思主義者。倍倍爾等德國領導人雖不敢苟同這些差異，但仍選擇包容與容忍，因為他們明白，只有透過這種彈性和寬容，才能夠維繫無產階級運動的整體力量，為將來奮鬥目標的實現鋪平道路。

這樣的方式固然不免遭致激進信徒的批評，認為是對信仰的背棄。但事實上，正是這種調和與折衷，讓不同思潮與路線的社會主義力量得以團結合作，共同進步。即使存在分歧與矛盾，但只要維持溝通管道，就終能化解分歧，達成共識。這正是第二國際的意義與成就所在。

走向成熟的社會主義運動

經過近十年的討論和沉澱，社會主義陣營終於在外交政策上達成了一些共識，這是與時間的一場競賽，雖然最後以失敗告終。但這並不意味著當時的努力是徒勞的。1912 年巴塞爾和平大會，社會主義者們呼籲各國工人為爭取和平而努力，這在當時的環境中已是他們能做到的最大努力了。

回望過去，拉薩爾提出的建立有國家支持的生產合作社以與私人企業競爭並最終取代它們的方案，確實帶有烏托邦主義色彩，這也難怪會引起馬克思的反感。不過社會民主黨在帝國議會的席位達到 397 席中的 110 席，這已經表現其在政治舞臺上的重要地位。更令人驚訝的是，連保守派陣營內部也出現了一些親勞工的態度，如阿什利勳爵領導的集團和青年英格蘭團體等。

1906 年的工會法案也象徵著國家權力向工會的一種讓步。它不僅放寬了關於罷工禁令的限制，還免除了工會基金對侵權行為的賠償責任。這些都是國家為工人階級謀得的實質利益，它們必然對堅持私有財產制度為中心的人士造成沉重的打擊。

與此同時，新興工會運動也悄然發生著變化。過去熟練工人主導的工會開始向下擴大，接納了更多非熟練工人的加入。這些工人更容易

社會主義的兩面人性

接受社會主義的宣傳，並認識到僅靠罷工是不夠的，應該配合政治行動。正是在這個時候，工會全國大會開始傾向於社會主義取向的決議。

可以說，在這個時期，社會主義運動開始走向成熟，從理論探討到實踐嘗試，從議會抗爭到工會運動，各方面都獲得了長足進步。雖然最終未能在 1914 年避免戰爭的爆發，但這並不能掩蓋它在這一關鍵時期所獲得的成就。

列寧在推動俄國革命的過程中扮演了一個十分微妙而複雜的角色。

一方面，他領導了布爾什維克黨，成功發動了 1917 年十月革命，推翻了沙皇政權，並建立了蘇維埃政權。他堅持革命路線，採取了一系列激進的政策來推動社會變革，如沒收大地主財產、組織紅衛軍鎮壓反革命勢力等。從這個角度來看，列寧無疑是推動俄國社會主義革命的主要推動者和領導者。

但另一方面，列寧的某些方面和做法存在問題和矛盾。首先，他所領導的布爾什維克黨的實際成員數量遠遠低於他們公開宣稱的人數，真正發揮作用的核心成員也只有 10% 到 20%。其次，列寧建立了一個高度集權、極端化的政治路線和組織形式，嚴格控制了黨內的思想和行動，使得其他社會主義者漸漸疏遠，黨內也出現了各種問題和矛盾。再者，列寧和他的隨從人員還與犯罪分子有所連繫，鼓勵他們在俄國本土和波蘭從事搶劫等土匪行為，這引發了西方知識分子的批評。

可以說，列寧的作為既反映了他的革命理想和決心，又存在一些極端化和走向獨裁的傾向。他在推動俄國革命過程中扮演了一個既推動又阻礙的雙重角色。這種矛盾性一方面使得他成為推動俄國革命的重要力量，但另一方面，也埋下了日後蘇聯政權發展中的各種問題。這個角色的複雜性值得我們深入探究和反思。

人民力量的演變 ——
19 世紀德意志帝國社會主義運動剖析

　　19 世紀末期的德意志帝國正處於飛速的社會轉型之中。工業化浪潮席捲而來，催生了新興的無產階級群體。與此同時，社會主義思潮也在這片土地上悄然蔓延開來。作為這一變革時代的見證者，我試圖透過對當時德國社會主義運動的歷史回顧，探究其內在特徵與演變軌跡。

　　在關鍵時刻，社會主義政黨的表現令人失望。作為第二國際的成員，社會主義政黨本應盡全力阻止戰爭的爆發。然而，當戰爭最終爆發時，他們迅速重新站到了自己的民族事業一邊。這種突然的轉變，無疑是對馬克思主義的背叛。

　　德國馬克思主義者的立場更是受到了強烈的批評。他們不僅沒有堅持國際主義，反而比英國工黨成員更少猶豫地支持自己的國家。法國和比利時的社會主義者也投身戰時內閣，為政府效力。即使是在德國，社會主義者也投票贊成了戰時預算。這些做法都背離了馬克思的教導。

　　造成這一次「大叛變」的原因很複雜。一方面，社會主義政黨擁有不可置疑的憲法權利，可以投票反對戰爭預算。但另一方面，他們也面臨著失去追隨者的風險。如果堅持宣揚無產階級無祖國和階級戰爭的理念，恐怕會遭到群眾的反對和不信任。在這種現實壓力下，大多數社會主義政客最終選擇了支持自己的國家。

　　這件事對社會主義運動帶來了沉重的打擊。列寧宣布，第二國際已經死亡，社會主義事業被出賣了。事實上，這次「十字架上的考驗」，使社會主義者和反社會主義者都對這些政黨跌破眼鏡。不論是信徒還是反對者，都無法再用同樣的眼光看待這些曾經的理想領袖。他們放棄了馬克思主義，而是選擇了支持本國的命運。這無疑是社會主義事業的一次沉重挫折。

社會主義的兩面人性

在 1914 年那場歷史性的災難中，社會主義政黨面臨了嚴峻的考驗。作為第二國際的成員，他們本應團結一致，堅持反對戰爭的立場。但當戰爭來臨時，他們卻不約而同地站在了自己國家的一邊。

這種轉變令人驚奇，卻也並不完全出乎意料。政黨領袖們清楚地意識到，如果堅持反戰立場，將不可避免地失去大部分追隨者的支持。群眾最初可能會凝視著他們，但接下來便會以行動表示不忠，拋棄他們所信奉的國際主義和階級戰爭的理念。

因此，雖然德國社會民主黨等政黨從未表現出要追求政府職位的野心，但在戰爭一觸即發之際，他們卻迅速站到了自己國家的一邊。這不能完全歸咎於背離了馬克思主義的背叛，而更多地是一種務實的選擇。保衛祖國、捍衛民族利益，在當時看來是他們唯一可行的道路。

當然，這並不代表社會主義政黨毫無保留地支持戰爭政策。許多人仍然堅持，任何國家武力行為都是基於防禦或預防性質的理由。他們也強調，參軍是義務，並不等同於為政府的戰爭預算投票或加入「神聖同盟」。

然而，無論動機如何，這些政黨的立場轉變都摧毀了馬克思主義的國際主義理念。在 1914 年那個關鍵時刻，它們選擇了民族利益，而非無產階級的階級利益。這象徵著馬克思主義的核心支柱在這一重大歷史事件中崩塌。社會主義政黨的實際抉擇顯示，他們已然超越了教條主義，轉向了更加現實的政治取向。

社會主義陣營的轉變與道德重建

戰爭的浩劫為社會主義陣營帶來了重大的衝擊和質疑。保守陣營感覺到了社會主義運動的轉變，也引起了社會主義者內部深思。在英國，

麥克唐納失去了工黨的領導地位,最終連議席也丟失;在德國,考茨基和哈澤則組建了獨立社會民主黨。列寧更宣稱第二國際已經死亡,社會主義事業被出賣。

對於馬克思主義政黨的大多數而言,社會主義運動在面臨十字路口時,並未選擇堅持馬克思主義的道路。他們的信條、口號、最終目標似乎並未發生實質性的變化,但所展現和支持的卻全然不同。戰爭考驗過後,無論是社會主義者還是反社會主義者,都無法再用同樣的眼光看待這些政黨。這些政黨也不再能繼續他們原有的怪異行為,他們已經走出了象牙之塔,證明了國家的命運對他們而言更為重要。

但也有一些政黨,如斯堪地那維亞諸國的社會民主黨,從未如此輕率地背離自己的理念。另一些政黨,比如德國社會民主黨,則經歷了一次轉變,從非現實主義的雲端降落到了腳踏實地的現實中。這種新的負責任態度,大大縮短了他們與自身目標的間隔。我們或許可以說,這並非叛變,而是值得讚揚的道德重建。無論如何,社會主義運動已經無法再回到戰前的老路。它必須經歷自我反思,以重塑新的面貌。

戰後社會主義政黨的崛起

第一次世界大戰的失敗對歐洲的政治格局產生了深遠的影響。失敗打擊了統治集團的威望,動搖了既有的社會秩序。即使在戰勝國,戰爭也使得統治階級的地位受到動搖,使社會主義政黨獲得了新的機遇。

在美國,雖然戰爭付出的代價相對較小,但對戰爭負責的政府也在選舉中遭到慘敗。在其他戰勝國,情況更為明顯。德國和英國的社會主義政黨不但獲得了更多的選票,在某些情況下甚至被邀請參與政府。在

社會主義的兩面人性

法國,工團主義者立即活躍了起來,為在政界扮演更重要角色作準備。

這些社會主義政黨表現出了強大的生命力。它們不僅擁有廣泛的民意基礎,而且在處理戰後紛亂局面方面具有獨特的優勢。它們有能力推行改革,同時也有能力控制激進的革命力量。在外交政策上,它們也希望能夠發揮作用,重建國際秩序。

雖然這些社會主義政黨在政策上有些理想化和短視的地方,但其崛起無疑是一個歷史性的轉折。第一次世界大戰衝擊了既有的政治格局,為社會主義政黨提供了新的機遇。它們憑藉自身的實力和優勢,最終獲得了長足的進步,成為戰後時期不可忽視的重要力量。

在戰後動盪的國際局勢中,德國社會民主黨扮演了至關重要的角色。首先,他們在道德上有能力接受和約,並支持旨在實現條約規定的政策,雖然他們對國家的災難和帶來的沉重負擔深感悲嘆,但仍努力以全然不帶劇烈仇恨的心理為與勝利者達成和平諒解而工作。其次,他們控制群眾影響力強大,為談判《道威斯計畫》和《羅加諾公約》的聯合政府提供了關鍵的政治支持。第三,他們在與國外政治輿論的關係中占據有利地位,世界了解他們願意永遠接受許多戰後安排,這引導英法外交部相信德國將永遠是一個恭順的請求者。第四,社會民主黨與其他國家相應政黨有深厚的國際連繫,這些過去的接觸使得他們得以在戰後迅速恢復國際主義的信念。

綜上所述,在戰後德國重建的艱難時期,社會民主黨憑藉其獨特的地位和作用,為國家走向和解與復興發揮了關鍵作用,其貢獻值得充分肯定。即使政府的具體政策可能不同,但只有擁有如此強大的政治力量和國際影響力的政黨,才能真正推動戰後德國的重建程序。

國際社會的重建之路

戰後的國際社會重建並非一帆風順。1919 年和 1920 年間，為此舉行的最初幾次會議只獲得有限成功。同期，共產國際（第三國際）的出現也成為世界勞工政黨和社會主義政黨團結的嚴重障礙。一些不願意與共產黨人共命運的重要團體，仍然希望有一個比第二國際更現代化的組織。

經過奧地利社會主義者與德國獨立社會民主黨人和英國獨立工黨的共同創議，一個新的組織「國際社會主義政黨聯盟」（維也納國際）就此成立。它旨在使復活的第二國際內部團體激進化，同時抑制過分傾向共產主義的組織，透過明智的目標設定，使兩個陣營趨於一致。

這個新的嘗試很快就被共產主義者冠以「兩個半國際」的綽號。但事實上，正是這一組織滿足了當時的需求。1923 年的漢堡大會上，第二國際和維也納國際聯合組成了工黨和社會黨國際。它呼籲建立反對國際反動勢力的統一戰線，要求實現八小時工作日，爭取國際社會立法。更在 1922 年的法蘭克福會議上，就宣布必須把德國賠款降低到一個明確而合理的數字，取消協約國間的債務，並從德國領土撤軍。

儘管隨後的發展，我們可以看到這些成就和貢獻並非一蹴而就。但這些努力無疑為戰後重建國際秩序奠定了基礎，開啟了漫長而曲折的道路。

共產主義與俄國的影響

與此同時，共產主義政黨也在迅速發展。這並不令人意外，它也並非危險。任何經歷過沉著負責任地位影響的政黨，不可避免地要為左翼

社會主義的兩面人性

（或右翼）團體的發展留出餘地，這樣的餘地很難一直空著。只要脫黨行為能控制在一定範圍內，不必把它視為極大損失，這還不如把不可靠分子留在黨內好。社會主義政黨與激進派之間總是會有麻煩。

這樣的「左派」團體在戰後艱難日子裡會壯大起來，它們會抓住機會獲得與其他政黨不同的重要地位，這並不比他們自稱「共產黨人」或顯示出比官方黨更強烈的國際主義傾向更令人吃驚。但請記住，這一切與俄國共產主義的發展無關。如果沙皇依舊統治俄國，也會有許多共產主義政黨和一個共產國際。然而，由於俄國因素已成為塑造當代社會主義和共產主義命運的因素，再次闡述其發展及其性質和重要性是非常必要的。為此，我們將其發展分為三個階段。

第一階段，即布爾什維克在1917年奪權之前，除了最強大的領導人碰巧是俄國人，以及在其思想體系中存在蒙古人專制主義的因素外，共產主義團體的發展並沒有什麼特別俄國的地方。當戰爭爆發時，第二國際實際上停止了活動，列寧宣布第二國際已死，更有效的方法即將來臨，自然而然，那些有相同感受的人就聚集在一起。在瑞士的齊美爾瓦爾德（1915年）和金塔爾（1916年）兩次大會出現了機會。由於事實上擁護本國事業的人都沒有參加，與會的鬥士們很容易聚集在列寧提出的以將帝國主義戰爭轉化為國際革命的綱領之下。這比單純宣稱對馬克思主義的忠誠，或提出救贖式的承諾，更有實際意義。一些與會者清楚地意識到，資產階級社會結構無法承受長期的「總體」戰爭的緊張和壓力，至少有幾個國家將崩潰，這是大多數人都看不到的真理。但是，除此之外，列寧的領導未被接受。大多數人想要說服、威嚇和利用現有的社會主義政黨，而不願摧毀它們。此外——列寧同意這一點——國際革命必須由各國無產階級的單獨行動來實現，首先是在「先進」國家。

第二階段為 1917 年至 1927 年，即從布爾什維克在俄國執政到托洛斯基被布爾什維克黨中央開除（1927 年 10 月）這 10 年間，見證了共產黨和共產（第三）國際的出現，以及它們與社會主義政黨和工人政黨的決裂，這種決裂在德國由於 1918 年冬到 1919 年當權的社會民主黨人採取嚴厲鎮壓手段而達到無可修補的地步。

俄國共產黨在 1917 年革命獲得勝利後，雖然獲得了一個落後國家的統治權，但面臨著極大的挑戰。在接下來的 10 年間，共產國際不僅未能在歐洲發動成功的革命，反而淪為俄國政策的工具。儘管共產黨人相信世界革命即將到來，但現實往往比理想艱難得多。

列寧本人也了解到，只有較先進國家革命力量的行動才能贏得最後勝利。然而，共產國際仍被俄國人主導，充滿了中央集權的特質。雖然與俄國的關係很重要，但這並非決定性因素。更重要的是，共產黨員能從蘇聯的獲勝中獲得光榮和鼓舞，同時證明了「可運轉的」社會主義制度的可能性。此外，共產主義在歐洲大國蠢蠢欲動，似乎近在眼前。

然而，這一切在 1927 年托洛斯基被開除後發生了重大轉變。史達林逐步掌握了絕對權力，把共產國際變成了俄國政策的工具。對於其他國家的共產黨來說，他們不得不屈服於莫斯科的指令，即使其中有些做法令人不齒。這種情況引發了兩個問題：為何他們要如此屈從，以及這會如何影響未來革命社會主義的性質。

對於第一個問題，共產主義者或許更關注實現目標，而不在乎手段。既然資產階級也對蘇聯盲目崇拜，他們又何必為此感到憤怒？再者，「熱月政變」的說法也能為史達林的行為辯護。對於第二個問題，則存在兩種可能：要麼蘇聯專制主義將蔓延到歐洲，使全世界共產黨淪為其警衛部隊；要麼蘇聯政權最終將崩潰，未來的社會主義將擺脫俄國成

社會主義的兩面人性

分的影響。總之，未來社會主義的命運充滿未知，充滿艱難。但相比於期待文明毫髮無損地逃脫當前大火，這種未知或許更有希望。

現代革命運動的挑戰與出路

在革命運動中，如何應對專制政權的威脅和操控，是一個歷史性的難題。在史達林統治下的蘇聯，共產主義者面臨艱難的選擇和抉擇。一方面，他們難以全然反對這個為自己的政權服務的專制政府；另一方面，這個政權的殘酷作為，又與他們理想中的社會主義價值相悖。

對於這些共產主義者來說，他們的處境並非易於選擇。從表面上看，他們似乎無法對史達林政權的暴行表示強烈反對，因為資產階級人士也並未對此表示譴責。而且，他們自己過去也曾訴諸暴力推翻反對派，因此很難用「反革命」的理由來責怪史達林。再者，只要這個政權維護了他們的利益，他們也難以完全摒棄它。但是，一旦這個政權對他們不公，他們也無力作出有效抗爭。

在這樣的困境中，共產主義者只能寄希望於未來的可能性。一種可能是，蘇聯專制主義最終會瓦解，屆時他們有機會重塑一個更加符合理想的革命社會主義。又或者，這個專制政權在擴展到其他國家時，會逐漸融入當地的土壤，從而轉變其性質。當然，這些都充滿風險和不確定性，但相比於眼前的絕境，這樣的期待也許是他們為數不多的出路。

無論如何，現代革命運動所面臨的挑戰是龐大的。如何克服專制的威脅，建立一個真正符合人民意願的社會主義，依然是一個急待解決的歷史課題。未來革命者必須吸取這段艱難歷程的教訓，在理想和現實之間找到更加平衡和可行的道路。

即使社會主義政黨在 1918 年後獲得了政權，他們所面臨的困境也是前所未有的艱難。表面上看來，這些政黨具有諸多優勢：他們不必透過革命手段爭奪政權，而是自然地接手了權力；他們在解決重大問題時也顯得更勝任；他們更有能力進行組織、談判和管理等方面的工作。然而，儘管如此，他們的處境依然殊為不安。

關鍵在於，社會主義者在奪取政權後，發現必須管理的卻是一個本質上仍為資本主義的世界。大戰的混亂把他們推上了政壇，但在舊制度的破片底下，社會機構和經濟過程依舊如故。馬克思的理論認為，只有在資本主義走向自我崩潰的時候，政權的奪取才能實現社會主義。而現實情況卻正好相反——政治崩潰先於經濟的崩盤。這是一個非馬克思主義的局面。

面對這個根本性的矛盾，社會主義者別無選擇，只能「實行資本主義」。儘管他們試圖用社會主義的修辭來包裝自己的措施，但實質上他們必須採取與自由或保守政黨無異的政策。這無疑是社會主義政黨最危險的道路。即使這是唯一可行的選擇，卻也是最危險的。

儘管形勢並非完全絕望，但社會主義者面臨的挑戰也是前所未有的。在 1920 年代初的歐洲，社會主義者確實有理由希望他們能夠掌握政治權力的中心地位，從而有能力阻擋任何「反動」的危險，保護無產階級的利益，直到最終實現社會主義化。然而，這個希望能否實現，並非完全取決於社會主義者自身。

眼下的形勢與馬克思所預見的大不相同。資產階級受難者竟然轉向社會主義者尋求庇護，這種情況顯然不在馬克思的理論體系之中。在這種環境下，即使僅僅是「管理資本主義」也已算是一大進步。這不再是根據資本主義利益來處理問題，而是在社會改革領域內以工人利益為中心努力建設國家。

社會主義的兩面人性

然而,由於形勢尚未成熟,大多數人並未選擇社會主義。這使得選擇民主道路成為社會主義者唯一可行的選擇。面對這一現實,渴望獲得官職的社會主義政黨不得不大聲宣布它們對民主政治的忠誠。雖然這引起激進批評者的不滿,但社會主義者別無選擇。

以英國和德國的事例為鑑,我們可以看到,即使在出現真正革命形勢的時候,負責任的社會主義者也被迫與保守力量合流,以保護勞工利益。這樣的聯合行動引起了知識分子的反對,但在當時的形勢下,這似乎是唯一可行的道路。

總而言之,社會主義者面臨的挑戰並非單純的理論辯論,而是需要在複雜的政治現實中謹慎應對。我們必須超越空洞的口號,直視形勢的發展,才能找到適合時勢的策略。

困難時期的政治領導藝術

在工黨政府缺乏議會多數支持的困境中,麥克唐納首相及其團隊面臨著諸多挑戰。一方面,他們必須依賴自由黨和保守黨的合作,在相當程度上受制於其他政黨的寬容;另一方面,廣大民眾對社會主義者上臺卻未能切實改善生活狀況感到憤怒和失望。知識分子也試圖藉機攻擊工黨,煽動當前的不滿情緒。在獨立工黨等激進力量的影響下,輿論環境日趨不受控制。

然而,麥克唐納始終謹慎穩妥地維護金融秩序,支持英鎊,控制立法機器的速度。對外,他們努力使日內瓦體系發揮作用,降低全球危機與緊張局勢。當國家利益急需時,他們果斷採取行動,協助建立了一個全國統一政府。

雖然在許多人看來，麥克唐納的所作所為更像是失敗而非成功，但他們以負責任的態度，在極不利的條件下，竭盡全力維護國家利益。社會主義政黨執政的固有困難與危險，在這段歷史中得到了清楚證明。往後的歷史學家，必將公正地評價麥克唐納及其團隊的政治才能與風度。

回顧歷史，我們不難發現，在許多重要政策制定的關鍵時刻，越是追求公平正義與理想，反而越會遭受知識分子和公眾的批評。這確實是一個矛盾而憂鬱的現象。比如麥克唐納政府所制定的政策，儘管在經濟和社會形勢的正確理解下作出了負責任的決定，卻被評論者用「羞恥和憎惡」的目光看待，甚至被指成是「使馬失前蹄的蹩腳騎師」。但實際上，這種政策或許是民主政治歷史上最好的成就之一。

我們不難看出，這種批評背後往往存在著一些不可靠的假設，例如麥克唐納政府在英國銀行家或美國支持者的壓力下做出了投降。雖然這種胡言亂語可能存在一定的現實影響，但我們不能被其所迷惑，而忽視了這些政策為國家利益而作出的犧牲。相反，我們應該清醒地了解到，從長遠來看，這些政策可能會為勞工階級帶來更大的力量和成功機會。正如皮爾保守黨在廢除穀物法問題上的分裂和解體所證明的，社會主義政黨在面臨艱難抉擇時，仍然可以為文明事業作出貢獻。

同時，我們也不能忽視政治現實的局限性。德國社會民主黨在戰後的經歷告訴我們，即使參與政府，社會主義者也最終投身於「管理資本主義」。我們必須承認，在可預見的未來，社會主義政黨很難在議會或總人口中占據多數地位。但這並不意味著我們放棄追求社會正義的理想，而是要在理想與現實之間尋求平衡，採取更加務實的方法。

社會主義的兩面人性

整體而言,政治家和社會改革者應該在追求正義與實現政治目標之間保持警惕與智慧。只有兼顧社會現實,尋求改良而非徹底顛覆,他們才能真正為社會的文明程序做出貢獻。

雖然在表面上社會民主黨人與共產主義者是同盟關係而非死敵,但社會民主黨依舊屬於少數派別。不過,非社會主義的多數團體並非都抱持嚴重的敵意。左翼自由黨人(民主人民黨)雖人數較少,但卻相當有能力,常願意在一定範圍內與社會民主黨人合作。這個非社會主義的多數雖然分裂為許多團體,難以一致行動,成員和支持者也缺乏社會民主黨人的紀律,但仍認為民主道路,也就是聯合政府,是唯一的出路。

在這個局勢下,天主教黨(中央黨)可能是最合適擔任同盟角色的政黨。它強大有力,在希特勒崛起之前,看似難以動搖支持者的忠誠。它的組織極為出色,只要教會利益能夠得到保護,在實行社會改革上,甚至可能比社會主義者本身更加積極。對被取代的王朝並不特別熱情,而是斷然支持了威瑪憲法。最重要的是,它歡迎能確保其利益不受侵害的分贓安排。

在這樣的情況下,社會主義者以最尊敬和得體的方式對待天主教會,毫無困難地與教宗簽訂契約,讓教士享有比在之前的異端王朝還要優厚的條件。在政策上,雙方幾乎沒有意見分歧。儘管這兩個黨的聯盟是主要的,但沒有一個表示忠於威瑪憲法的政黨被排除在政府之外。民主黨人、國家自由黨人、國民黨人(保守黨人)全都被接納,甚至擔任重要職務。

這種聯盟作為普遍原則意味著妥協也成為普遍原則。在各種措施上,必要的讓步事實上是預先商定的。軍隊不能動用,由自己選擇的管

理部門來管理,得到充分供應。東普魯士得到補貼,農業也受到十分審慎的關注。這一套政策的某些內容可能不太符合社會主義的規範,但社會民主黨越來越像工黨,開始利用較溫和的法案,把社會化的最激進特色作為象徵性補償。不過,他們很快就放棄這一切,開始制定更像新政的勞工立法,使工會滿意,工會辦事機構也越來越被允許成為該黨制定政策的工作部門。

儘管社會民主黨有馬克思主義傳統,但除了一定數量的共產主義者離開之外,反對意見並未在黨內占據主導地位。相比英國工黨,德國社會民主黨在帝國、各邦和大城市的行政機構中都有牢固的基礎。此外,它在新聞出版業等領域也擁有許多專業資源。善用任命職務的權力,在文官職位、學術界、公共事業等單位中提供順從者晉升機會,成功遏制了激進分子。

危機中的社會主義運動

在劇烈的戰爭洪流中,社會主義運動面臨著嚴峻的考驗。無論戰爭結果如何,它都將為社會主義政黨的前景帶來深遠的影響。

從目前的形勢看,如果俄羅斯在戰爭中成為真正的勝利者,那麼共產主義世界革命的可能性將大大增加。歐洲大陸可能會出現「俄羅斯化」的趨勢,非共產主義的社會主義團體將面臨徹底的清算。這無疑將對正統社會主義及其所有主張的命運產生決定性的影響。

相反,如果英美勢力最終擊敗法西斯,那麼社會民主黨型或工黨型的正統社會主義在歐洲大陸將有更好的生存機會,至少能維持一段時間。人們可能會將這種社會主義視為可以選擇的明顯出路,且戰勝國也

社會主義的兩面人性

傾向支持這種社會主義。在這種情況下，英美所主導的「倫理帝國主義」體系，可能會容納並利用社會民主黨型的社會主義，作為在戰後世界秩序中的一個組成部分。

無論哪種情況，當前的大戰無疑將是社會主義運動邁向制度化的又一大步。就像第一次世界大戰對歐洲社會結構產生的深刻影響一樣，這次戰爭也必將在美國掀起一個新的社會主義浪潮。社會主義政黨的命運雖然難以確定，但社會主義制度化的大趨勢是不可逆的。社會主義運動正處在危機中的轉機之時。

戰後的世界正面臨著重大的變革。1918年所帶來的經驗固然寶貴，但已不足以應對當下的形勢。大蕭條的衝擊、社會結構的動搖、政府對經濟的日益控制，這些變化都在過去25年內悄然發生，難以從單純的社會趨勢中預測。

工商業和工商業階級在戰時的鉅額納稅負擔，無法在戰後短期內恢復到1919年的水準。這足以讓資本主義機器長期癱瘓，為政府進一步控制提供理由。通貨膨脹的趨勢也可能直接或間接地使民眾的思想激進化。戰時管制措施也難以在短期內全面取消，政府可以將這些手段移用到其他領域。在美國，政府已經為戰後調整做好了輿論鋪陳，不考慮資產階級的意願。

在這種情況下，社會主義可能會被視為唯一可以取代僵局和摩擦的實際方案。雖然每個國家的細節和措辭會有所不同，但最終的結果大概是不會不同的。就以英國為例，工黨人員已經進入邱吉爾政府，掌握了操控戰後重建的權力。在沒有太多剩餘可供資本家爭鬥的情況下，他們很可能會順利推進向社會主義目標的前進，甚至可能採取坦率、有序的方式。

美國的情況則較難預測，但最終結果也不會太不同。不同之處可能在於具體的口號和文化價值取向，但核心仍是本書所定義的社會主義意義。我們必須警惕，這種社會主義的實現，可能並非意味著理想的文明，反而可能出現法西斯式的特徵。歷史總是喜歡出人意料的轉折，我們必須謹慎應對。

◆ 社會主義的兩面人性

第二次世界大戰的餘波

第二次世界大戰的餘波

戰爭塵埃未落，新的天地正在崛起。我們回顧戰爭消沉的餘波，似乎已經見證了一個新時代的曙光。

正如前文所述，無論各社會主義陣營的命運如何，都無可逃避地朝向社會主義制度邁進。這一次的邁進，也在美國大地浮現。但社會主義陣營的命運，仍取決於戰爭的走向和結果。

如果戰爭以英美蘇聯盟的徹底勝利告終，正統社會主義的前景將取決於史達林是否真正成為勝利者，還是全部榮耀歸於英美。後者情況下，德國社會民主黨型的正統社會主義或英國型的勞工政黨，將有機會在歐洲大陸重拾地位。畢竟，史達林已成為東歐的主宰，而英美則努力保持在中歐和西歐的影響力。社會主義陣營和共產主義陣營的命運，反映了這些地緣政治的角力。

但另一股浪潮正在席捲全球——那就是有利於資本主義制度的美國經濟發展。因此，我們需要關注三個方面：英國和正統社會主義的前景、美國經濟復甦的影響，以及蘇聯政治野心的走向。這是戰後世界格局的重要縮影。

戰後世界的新秩序

未來世界格局的重塑，既牽涉英美蘇三強的實力消長，也與資本主義和社會主義陣營的角力密切相關。正統社會主義能否在這一波變革中找到生存和發展的新空間，值得密切關注。

英國在第二次世界大戰後出現了重要的社會和政治變革。1945年工黨大勝選舉，象徵著英國正式進入社會主義時代。作為歐洲大陸的一面旗幟，英國將如何在戰後發展社會主義，成為整個大陸的關注焦點。

戰後世界的新秩序

　　戰後英國政治格局的變化確實值得注意。工黨雖然在得票數上遙遙領先保守黨和自由黨，但由於英國的選舉制度，議會席位並不完全反映選民的真實意願。如果採用比例代表制，工黨恐怕無法單獨擁有多數。但這並不意味著他們的路線就不切實際。相反，工黨的主張和採取的措施，如銀行國有化、煤業法案及充分就業立法等，都可以得到廣泛認同和支持。這說明，英國正在穩步朝向社會主義方向發展，而不是激進的革命路線。

　　值得特別關注的是，戰後英國政治行動與社會經濟形勢保持了高度一致性。這既彰顯了工黨政府的謹慎務實，也反映了社會大眾對社會主義方向的普遍支持。相比之前政權，工黨政府的步伐更加堅實，不會輕易後退。只要能夠繼續保持這種務實穩健的前進態勢，並避免外部干擾，英國就有望順利完成從資本主義向社會主義過渡的歷史使命。

　　這對整個歐洲大陸來說，無疑都是一個可喜的發展。英國社會主義的成功，必將對大陸其他國家產生積極影響，增強大陸民主社會主義的希望。英國正站在一個新的重要時刻，其未來走向必將引發整個歐洲的關注。

　　在前面我們探討過，早期社會主義思想家無法預料到，政治權力竟會強加於工人，而資產階級反而尋求工人的保護。我們也提到，他們沒想到可以不破壞資本主義法律體制，只透過稅收和薪資政策等非激烈手段，就能掏空資產階級的社會政治結構。

　　戰時特殊稅制和管制措施當然不能永久保留。但放棄這些措施，可能會在一條線上停頓，即能自動完成某些最受歡迎的社會主義政綱。例如，平均化後稅收已經損害了專業人士的效率。未來或許該限制稅後所得，而非支付後又收回。然而，無論如何，用激進口號榨取的橘子，終會變得乾癟。

◆ 第二次世界大戰的餘波

　　假如在下次選舉，工黨大幅改善現況，得到多數選民支持，那麼政府會做些什麼呢？他們或許會更進一步平均分配收入；根據貝弗里奇報告或其他政策，大幅提升社會福利；並在企業社會化方面更進一步。但這三項工作並非易事。

　　我們已經知道，在現代英國條件下，大規模社會化並不會遭到太多純粹經濟方面的反對，資產階級阻力也不會是嚴重障礙。英國比 1917 年的俄羅斯更依賴私人企業，但只要不引發不必要抗拒，企業家其實可以配合合作。

　　至於那些沉醉於專制幻夢的知識分子，常懷疑內閣制不適合社會化，這似乎也不太重要。要民主地實現社會化，它仍是唯一有效制度——管理社會化企業當然需要半自治機構，內閣必須與之合作，就像與軍隊總參謀部合作一樣。

　　真正的問題在於工人。除非社會化導致經濟崩潰，否則一個社會化政府很難容忍目前工會的行為。即使是最不負責任的政客，在可預見情況下，也必須正視現代社會的基本問題——工業紀律。意圖大規模社會化的政府，必將不得不實現工會社會化。但這並非不可解決，在英國，以民主政治方式成功解決的機會更大，只是過程可能曲折漫長。

社會主義轉型路徑與其他因素的影響

　　歐洲其他國家的情況大致相仿。無論是社會民主黨還是天主教政黨執政，其基本路線都是相似的：在經濟、政治和文化層面，展現出同樣的進步取向。儘管受到不同的限制因素，但整體上呈現出一個共同的趨勢。只要避免受到俄國因素的干擾，加之美英以通常體面和合理的方式

對待德國，那麼可以合理預期，一種類似於威瑪共和國模式的政治體系將從德國目前的苦難中重新浮現。

在討論英國情況時，我們已經注意到，在現代條件下，運用稅收和薪資政策從資產階層抽取大部分剩餘價值是完全可能的，這在19世紀馬克思主義者的預想之外。同樣的觀察結果也適用於美國。實際上，在某種程度上，甚至可以說美國的新政在戰爭之前就已經在剝奪高收入階層的收入。統計資料顯示，1929年，收入超過5萬美元的階層在繳納所得稅和累進稅之後，僅保留了52億美元收入；到1936年，這一階層所保留的收入已縮減至12億美元。即使是10萬美元以上的可徵稅收入，如果算上遺產稅，基本上全部都被徵收殆盡。從激進主義的觀點看，這種方式和隨後的沒收方式可能還不夠徹底。但這並不改變我們關注的事實，即這樣的鉅額財富轉移實際上已經發生，其規模可以與列寧時期在俄國實施的轉移相媲美。

此外，我們還可以觀察到，由於上等階層支出中個人服務和包含大量勞動的商品所占比重越來越大，他們的美元購買力正在下降，而這與下等階層的情況形成鮮明對比。壓力並不局限於收入超過5萬美元的階層，它也擴及至收入5千美元以上的中等成功人士，只是程度有所不同。戰爭及其後果，特別是勞工糾紛，對美國社會結構的影響，與英國情況如出一轍。

但是，美國形勢還有一個與世界其他地方不同的重要特點，那就是龐大的工業成就。有觀察者認為，打贏這場戰爭加上保護美國工人免受匱乏的工業成功，將主導戰後局勢。在某種程度上，這可能會消除建立社會主義的全部經濟理由。讓我們以最樂觀的態度來探討這一論點。

暫不論複雜的過渡問題，讓我們把1950年定為「正常」年分。我們

第二次世界大戰的餘波

以 1928 年的物價水準指數，計算這一年的國民生產總值約為 2,000 億美元。這並非實際產量的預測，也不是充分就業條件下的可能產量，而是在某些條件下可以達到的猜想數。這個數字既非不正常，也非不合理，符合這個經濟制度的長期平均成就。

進一步假設，這一目標產值實際實現。我們預留 400 億作為舊投資的更替和新投資的增加，占 2,000 億的 20%，與 20 世紀初期的平均比例相當。剩餘的 1,600 億將產生深遠的影響。

首先，在沒有惡劣管理的情況下，這龐大的商品和勞務供給，足以確保即使是最貧窮的社會成員，也能達到基本的經濟需求。消除任何可稱為貧困或匱乏的狀況，應當是完全可行的。我們曾強調，建立社會主義並非純粹出於經濟考慮，但在這個案例中，如此豐厚的實際收入，足以撼動最頑固的批評者。

其次，這一切能夠在不破壞資本主義經濟條件的情況下完成，包括對企業成功的高額獎勵，以及維持收入差距。與其他地方不同，美國在實現社會改革與經濟進步之間，並不存在兩難困境，這為任何負責任者帶來了希望。

總之，1950 年後的前景是光明的。只要管理得當，我們擁有戰爭中展現的能力與資源，足以轉變生產目標，滿足廣大群眾的需求，消除貧困，並順利實現經濟轉型。這是美國獨有的機遇，其他任何地方都難以企及。

重塑政府管理，打造高效財政體系

在經濟總量達到 2,000 億的情況下，要在不影響經濟運轉的條件下籌集 400 億的國家收入並非難事。按照 1928 年的物價水準，300 億的收

入就足以支撐聯邦、州和地方政府在 1939 年完成其任務，並提供軍事裝備的開銷，以及應對 1939 年後出現的公債和其他長期債務本息。這樣的支出後，約還可留下 100 億贏餘——若物價水準較高，這一數字也將相應增加。在隨後的 10 年裡，這個贏餘將更加雄厚，可用於創辦新的社會服務事業，或者改進現有的社會服務。

然而，實現上述目標存在一個關鍵前提，那就是政府管理不存在嚴重失誤。目前的政府管理存在諸多問題，如重疊的部門職能、缺乏有效協調，以及某些部門寧願花費 10 億而非 1 億的浪費風氣。種種管理問題都嚴重阻礙了政府財政的合理化。僅靠 300 億左右的收入是難以滿足需求的，只有透過徹底改革政府行政機構，消除重複職能和浪費，才能實現 2,000 億經濟總量下的 400 億收入目標。

節約並非窮國所需，富國也同樣必要。真正的節約可以確保政府資金得到高效利用，既滿足窮困民眾的基本需求，又為富國的進一步發展騰出空間。當然，節約的關鍵在於政府管理的合理化，消除浪費的同時，確保救助措施的效率和公平性。只有這樣，政府才能在確保財政收支平衡的前提下，更好地發揮調控和服務的職能，為經濟持續成長奠定堅實基礎。

面對目標 2,000 億國民生產總值的努力，我們不得不面對三大政治與制度障礙。

第一，勞工形勢。當前的薪資率造成了生產力的瓶頸，企業家的投資計畫混亂，就業工人無組織，這不僅阻礙了產量的擴大，還導致就業低於原本可能達到的水準，企業寧願盡量少僱工人。這種「逃避僱用工人」的傾向，正是我們需要克服的第一大障礙。

第二，價格管理。不管讀者相信價格控制有何好處，事實證明它是

第二次世界大戰的餘波

阻礙產量擴大的又一障礙。管控私營企業的價格，不僅不能有效管理政治力量較大的生產者，反而導致相對價格體系的失調和經濟效率的下降。而高成本生產者獲得津貼、低成本生產者受到剝削的做法，更助長了低效率。我們必須正視價格管理機構的局限性，才能推動產量成長。

第三，工業自治。當前官僚機構對工業自行組織、自行調節、相互合作的頑固敵意，是走向有序進步的又一障礙。他們將任何工業合作都等同於「勾結性抑制」，即使這種合作能發揮極為需要的作用。即使有一些具有抑制成分但不形成協議的問題，也難免遭受檢舉的威脅。我們必須克服官僚對工商界自治的偏見，才能從根本上解決經濟問題。

只有同時克服這三大障礙，我們才能突破目前的困境，實現經濟發展的目標。我深信，只要我們有勇氣面對現實，並作出正確抉擇，這個目標終能實現。

當今企業面臨諸多外部挑戰，其中尤為突出的莫過於勞工糾紛、價格管制爭議和反壟斷問題。這些問題不僅耗費了企業家與管理者大量的精力，而且迫使他們不得不遠離實際的業務經營，將精力消耗在應對各種行政法規上。遺憾的是，即使有 10 個經濟學家，也很少有人真正理解這些企業家所面臨的「人的要素」。

我們不得不承認，在當前的環境下，企業的成功更多地取決於管理者應對政府官員和工會領導的能力，而不是真正的經營管理技能。除了少數大企業能夠聘請各類專家外，大多數領導層都是擅長「疏通關係」和「化解麻煩」的人，而非真正的生產管理者。

讀者可能會認為，這種以權力遊戲為主的企業文化必然會在民眾的憤怒中崩潰。但事實並非如此簡單。一方面，強大的美國經濟體系可以承受一些浪費和低效，因為其他因素可以彌補。另一方面，政界和公眾

也開始顯現一些「甦醒」的跡象。新政的實驗和戰時經驗，或許能對企業界產生某種「教育」作用。

因此，或許只須對現有的稅收制度和法律法規作相對小幅度的調整，便能達到適度的效率。同時，增加對企業家的法律保護，並提升管理機構的經驗和訓練水準，也有助於消除他們在日常工作中遭受的種種干擾和麻煩。我們還可以看到，美國社會對於進一步的社會改革立法也表現出一定的接受度。

當然，要期望企業界能夠自發地承擔起這一艱巨任務，似乎有些樂觀。因為許多人寧願享受改革所帶來的成果，卻不願意為之付出努力。但只要我們以積極的心態去面對挑戰，相信透過政府與企業的共同努力，定能重塑出一個更加公平、高效的美國企業文化。

從戰後通貨膨脹到成長困境

我們必須認真面對戰後產生的一個棘手問題──通貨膨脹的威脅。這不僅是一個經濟問題，也可能對整個社會造成深遠影響。

戰爭結束後，需求激增，加上政府鼓勵普遍提高薪資，使得物價節節攀升。以1920年為例，批發物價指數已經是1914年的2.3倍。而現在的情況更為嚴峻，存款總額和通貨供給更是高漲到驚人的程度。任何明智的人都無法否認這一現實。

我看到，1950年的物價水準極可能會高於1928年水準的50%。當然，為了控制在這個範圍內，政府必須採取一些不受歡迎的措施，例如貨幣緊縮、價格管控等。但這些都可能延緩產量擴大的速度。如果政府只是被動地設立價格管理部門，甚至鼓勵大幅提高薪資，那麼通縮的威

第二次世界大戰的餘波

脅會更加嚴峻，華盛頓也可能不得不採取更加粗暴的手段，甚至走向半社會主義的道路。這將嚴重破壞我們最初的目標。

另一方面，許多經濟學家對於能否在 1950 年前實現 2,000 億美元的國民生產毛額目標表示懷疑。他們中的大多數被稱為「停滯主義者」。他們擔心，即使沒有外部障礙，經濟過程本身也可能無法實現這一目標。這種擔憂不容忽視。我們必須審慎考慮這些經濟學家的警示，以免在追求成長時陷入另一種困境。

誠如凱因斯勳爵所指出，停滯主義理論是當下最為典型的經濟思潮之一。無論是經濟學者還是社會大眾，對於戰後可能出現的需求停滯都有著各種猜測和擔憂。

我們不得不承認，這些猜想的作者在預估 1950 年潛在生產量方面與我們不謀而合，都認為產能龐大。他們甚至比我們更加樂觀，因為不需要一個有利於資本主義的環境條件成就。這是因為他們隱含地假設了當前的政治、行政和勞工狀況不會發生改變。

再者，我們也無須質疑他們提出的失業必然減至最小的假設，或對他們統計方法的有效性提出異議。我們也可以接受他們對於國民淨收入和可支配收入的各種假設。根據這些假設，我們可以推算出戰後的可支配收入總額約為 1,500 億，公司未分配利潤為 60 億。

那麼，如何看待戰後的需求呢？根據過去的消費支出模式，我們可以估算出私人家庭在消費品上的總支出約為 1,300 億。剩餘的 200 億，或者加上公司未分配利潤，就構成了總儲蓄額 260 億。問題在於，這些鉅額的儲蓄將如何投資才能吸收？

有人認為，光靠自發的投資機會是不可能完全吸收的，至少需要政府的介入和支持。但另一些經濟學家則主張，應該透過高累進稅率來抑

制高收入階層的儲蓄，以達到收入平等的目標。

這種理論雖然有一定的輿論基礎，尤其是在實業界，但恐怕難以徹底解決問題。因為高收入意味著高儲蓄，而這些儲蓄如果得不到適當的投資管道，反而會成為阻礙經濟復甦的障礙。

我們必須看到，面對複雜多變的經濟形勢，任何簡單的「萬能」之策都難以奏效。只有透過政府、企業和社會各界的通力合作，才能找到走出困境的正確道路。我們必須保持清醒的頭腦，避免被各種簡單的理論所迷惑，共同設計建設一個繁榮穩定的未來。

近年來，不少人對於經濟發展的前景表示悲觀，認為經濟成長乏力，投資機會有限。然而，我們必須審慎分析這一論點背後的邏輯。

首先，我們必須承認，過去曾經有人低估了未來科技進步所帶來的投資需求。19世紀中葉，很少有人能夠預見到鐵路時代和電氣時代將需要如此龐大的資本投入。因此，單單從過去的數字推斷未來的投資機會是不足的。

更重要的是，投資與儲蓄之間存在著緊密的關係。儲蓄並非是一個獨立於投資的單一行為，而是取決於人們對未來投資機會的預期。除非人們看到可投入的項目，否則他們不會主動進行儲蓄。反之，儲蓄行為往往是投資決定的先決條件。

當經濟陷入衰退時，人們自然會傾向於採取更為保守的態度，寧願將資金留作現金或存款，而非積極投資。這是一種暫時的「窖藏」行為，源於人們對前景的悲觀預期。然而，這並非根本性的「過度儲蓄」問題，而只是經濟週期中的正常反應。

因此，當我們面臨經濟下行壓力時，政府的積極財政政策可以幫助打破這一惡性循環。透過增加公共投資，不僅可以刺激經濟活動，還可

以創造新的投資機會，從而激發民間儲蓄的轉化。

整體而言，投資與儲蓄並非是完全獨立的變數，而是相互影響的。要走出經濟低潮，我們需要充分了解到這一點，並採取針對性的政策措施。只有這樣，我們才能克服眼前的困難，實現長期的經濟繁榮。

拯救資本主義：應對停滯危機的政策建議

經濟停滯是一個複雜的問題，需要深入分析各種潛在因素。我們不能簡單地將其歸咎於過度儲蓄或消費者心理，而必須全面考慮社會、政治和制度因素。

其實，如果單從人們的儲蓄欲望來看，並沒有什麼值得恐慌的。問題出在其他因素上——如工人罷工、價格管制、煩人的行政管理和不合理稅收等，這些都可能導致收入和就業出現停滯主義理論預測的結果，從而迫使政府不得不增加赤字支出。我們甚至可以看到一種類似過度儲蓄的現象，即人們不願意執行他們原先的投資計畫。

這不是說經濟過程本身就存在固有的障礙，而是外部社會因素可能會阻礙經濟順利運轉。不過，我無法預測實際結果會是什麼。無論如何，這些社會因素在未來半個世紀左右將占主導地位，不僅在美國如此，全世界都是如此。但是，本書所探討的長期預測應該不會受到這些短期波動的影響。

我們應當正視停滯危機的嚴峻性，但同時也要客觀認識其潛在原因的複雜性。政府在危機時期的逆週期性財政政策確實可以發揮緩解作用，但更重要的是要從根本上解決導致停滯的社會、政治和制度性障礙。只有這樣，我們才能最終拯救資本主義，實現經濟的持久繁榮。

新的秩序

　　第二次世界大戰的結束，為整個世界帶來了重大的轉變。在此過程中，俄國從一個相對弱小的國家，迅速崛起成為全球占主導地位的強國。這是一個令人不安的發展趨勢，因為俄國的政治體系及其擴張主義政策，與戰後所希望建立的民主、自由等理想差距甚遠。

　　俄國能夠透過戰爭獲勝並快速擴張實力，主要有幾個原因。首先，其強大的集權式軍事體系，在戰爭中發揮了關鍵作用。即使相比於其他盟國擁有的資源優勢，俄國仍能憑藉獨特的政治手段發揮最大化的戰力。

　　其次，俄國在戰爭期間屢次險些崩潰，但都能巧妙地化險為夷，最終獲得勝利。這顯示出俄國領導人出色的政治智慧和危機處理能力。他們善於掌握機會，巧妙地利用同盟國之間的矛盾，使自身利益最大化。

　　最後，當戰爭結束時，西方主要國家由於疲軟和內部紛爭，無法對俄國的擴張野心採取有力的制衡。美國雖然有實力遏制俄國，但外交政策卻猶豫不決，缺乏決心。這為俄國打造新秩序的野心創造了有利條件。

　　因此，我們不得不正視這一新的地緣政治格局。俄國崛起對全球格局產生了深遠影響，這一新秩序將為世界帶來前所未有的挑戰。我們必須警惕俄國的擴張主義，並尋求有效的對策，維護自由民主的根基。只有團結一致，才能應對這一新的格局變化。

　　對於一個從另一個星球來的觀察家而言，美國政治社會的現實景象是極其清晰不過的。從榮譽和利益的角度來看，美國絕不可能容忍一種大部分民眾被剝奪基本人權，並出現殘酷非法行為的局勢。這個局勢集

中了龐大的權力和威望於否定基本原則的政府手中，而這些原則在美國絕大多數人心目中極為寶貴。

要美國人民犧牲慘痛，去發動一場使數百萬無辜婦孺遭受無限恐怖的戰爭，且主要結果只是擺脫最強大的獨裁者，顯然是物不稱心的。不過，作為「半途而廢」這種比「不做」更壞的事情，其未完成的另一半則相當容易做到，因為日本投降後，美國享有無可匹敵的軍事力量、技術和經濟優勢。

然而，如果這位來自另一個星球的觀察家試圖為此爭論，美國人必須指出他對政治社會學的不了解。在蘇聯，外交政策仍延續沙皇時代的路線；而在美國，外交政策則取決於國內政治。雖然有華盛頓總統留下的孤立主義傳統，但一旦受到宣傳刺激，美國往往會採取積極干預海外事務的做法。不過，她很快就會感到厭倦——厭倦現代戰爭的恐怖，厭倦犧牲、稅收、兵役，以及官僚機構的規章，更不願意為戰爭口號和世界政府理想做出努力。

在沒有直接威脅的情況下，任何企圖推動美國進一步加緊努力的嘗試都是一種失策的政治行動。那些過去曾痛恨德國或納粹政權的人，現在已經滿足了。他們正藉助過去常常指責為逃跑主義的論點來支持對俄政策，這正是希特勒時期常被指責為綏靖政策的做法。

根據形成美國政治模式的利益集團名單，我們發現他們（雖然出於不同理由）全都贊同綏靖政策。農民對此漠不關心，而有組織的工人對此也沒有太大影響。更有趣的是，工商階級也持有相同觀點，雖然他們的態度並不親俄，但其實質效果是親俄的。激進知識分子喜歡說資產階級有置蘇維埃於死地的企圖，但這顯然是非常不現實的。工商階級同樣厭倦戰爭口號、稅收和控制，因為對俄開戰將阻礙有利的趨勢，增加稅收

和控制,並使工人地位更加強大。此外,它還可能破壞對蘇俄龐大商機的前景。

以同理心理解不同政體的邏輯

我們必須以同理心的態度理解不同政體的內在邏輯。即使是我們所批判的獨裁政權,也有其自身的利益考量和存續策略。我們不能簡單地將其等同於任何特定的意識形態,而是要深入探究其實際動機和行為模式。

俄國的史達林政權雖然宣稱推行社會主義,但其本質上更像是一個軍國主義專制政權。它以嚴格的黨組織控制國家,並沒有真正實現新聞自由和群眾自主。這個政權的擴張並非為了推廣社會主義,而是滿足其自身的利益需求。史達林政權會根據自身需求靈活調整政策,包括採取與社會主義相悖的措施。

我們必須理解,獨裁政權的動機並非源於意識形態,而是權力和利益的追求。它們可能暫時利用社會主義的概念,但最終目標只是鞏固自身的統治地位。與其簡單地批判它們不符合社會主義理想,不如深入分析它們的內在邏輯和行為模式,從而更好地應對它們的擴張。只有這樣,我們才能切實理解不同政體的本質,並採取適當的因應策略。

俄國問題與社會主義運動的關係並非直接。除了一些親俄的激進組織外,兩者之間並無必然連繫。主要有以下兩方面關係:

第一,俄國共產主義團體和非共產主義團體的存在,可能會導致工人政治活動趨向激進。但這並非必然,法國共產黨曾反對兩項重要社會化法案。整體而言,如果目的在於瓦解資本主義國家,此種情況更可能發生。

第二次世界大戰的餘波

第二，任何戰爭都會產生社會和政治後果，這是現代戰爭的必然結果。即使是社會主義國家和資本主義國家之間的戰爭，也不會有太大區別。

總之，把俄國問題與社會主義問題簡單連繫起來是一種誤解。兩者之間的關係更複雜微妙，需要細膩分析才能得出準確結論。

思想家對文明進步的貢獻

在我們追尋知識的旅程上，每個人都有一個重要的角色扮演。這些學者、思想家和改革家，不論他們的名字是否家喻戶曉，都為人類文明的發展做出了卓越貢獻。

我們或許對某些人名並不太熟悉，但只要了解他們的生平和思想，就能發現每個人都扮演著不可或缺的角色。比如說，伏爾泰的思想激盪了整個時代，讓人類的思維邁向更宏偉的境界；泰勒的管理學理論則使生產效率提升到前所未有的高度。每一個偉大的思想家，都為我們創造了全新的可能性。

從巴枯寧的無政府主義到恩格斯的科學社會主義，每個人都在用自己獨特的方式，尋找著改變這個世界的道路。我們或許難以理解他們的全部思想體系，但只要我們用開放的心態去學習，就一定能從中汲取養分，拓展自己的視野。

同時，我們也要警惕那些試圖扼殺創新思想的勢力。正如伯克所說，保守主義並非是一種墨守成規的思想，而是要拒絕盲目地追隨潮流，保護社會的有益傳統。只有在繼承的基礎上不斷創新，我們才能真正建立一個理想的新世界。

思想家對文明進步的貢獻

　　讓我們一起探索這些思想家的奧祕，用創造力和想像力，為這個世界譜寫更美好的篇章吧。

　　伏爾泰、佛洛伊德、傅立葉、馮特，這些偉大思想家的名字都熟悉得不能再熟悉了。他們的思想影響了整個時代，引領著人類的進步，成為我們學習的對象。但是，我們往往忽略了他們是如何走上這條道路的，他們經歷了什麼樣的人生歷程。

　　這些偉大思想家往往出身平凡，但憑藉著自己的智慧和努力，最終成就了輝煌的成就。他們不懈的探索精神，對真理的執著追求，以及勇於挑戰權威的勇氣，都值得我們後人深思和學習。

　　例如，佛洛伊德的一生充滿了坎坷。他出生在一個貧困的猶太家庭，從小就受到歧視和偏見的影響。但是，他憑藉著自己的頑強意志和勤奮鑽研，最終在心理學領域建立了自己的理論體系，在人類文明發展史上留下了不可磨滅的印記。

　　又如格萊斯頓，他出身於富有的家庭，本可以安享優裕的生活，但是他選擇投身於政治事業，成為英國頂尖的政治家之一，為國家的發展做出了卓越貢獻。他的治國理念和執政風格，至今仍是政治家們學習的榜樣。

　　再比如海耶克，他出生在奧匈帝國的一個猶太家庭，後來流亡到英國。在艱難的環境中，他堅持自己的理念，成為20世紀最重要的自由主義經濟學家之一，其思想對於當今各國的經濟政策制定產生了深遠影響。

　　這些偉大的思想家們，都是透過自己的不懈努力，克服重重困難，最終實現了自己的理想和價值。他們的人生故事，無疑是對我們這些普通人最好的鼓舞和激勵。我們應該認真學習他們的精神，用自己的方式去實現理想，譜寫人生的精彩篇章。

◆ 第二次世界大戰的餘波

文化與藝術的對話 ——
文人、藝術家與思想家的交鋒

　　從馬丁・路德所開啟的宗教改革浪潮到近代爆發的工業革命，歐洲社會在短短的幾百年間經歷了翻天覆地的變遷。在這場轟轟烈烈的歷史洪流中，無數的文人、藝術家和思想家紛紛登臺，以他們獨特的視角和方式，參與了這場驚心動魄的文化與藝術對話。

　　亞當・史密斯的經濟理論、馬爾薩斯的人口論、馬克思的革命思想，無一不引發了社會各界的熱烈討論和激烈論辯。而在藝術領域，米開朗基羅、林布蘭、塞尚等大師的作品，也成為人們探討人性、審視社會的窗口。

　　著名哲學家勒內・笛卡兒以「我思故我在」的論點，顛覆了過去的思想框架，讓人們重新思考人的存在。而傑出的科學家牛頓推翻了古典物理學的定律，開啟了人類認識自然的嶄新視野。這些思想巨匠的觀點，不可避免地與當時的政治格局產生了交鋒。

　　比如法國大革命時期，哲學家伏爾泰和語言學家狄德羅在沙龍中激烈辯論，為漸趨激進的革命事業新增了重要的理論支撐。而在十九世紀，英格蘭的維多利亞時期，道德哲學家約翰・史都華・穆勒的思想，也與當時保守派的道德觀念產生了猛烈的撞擊。

　　在這些知識菁英的交鋒中，我們不僅感受到了他們對時代和社會的熱切關懷，更看到了他們對人性、道德、自由等永恆話題的深入思考。他們的觀點或許有著分歧，但他們共同譜寫了一部人類文明史詩中難能可貴的篇章。

　　理性是人類的獨特特質，它是人們認知世界並作出決策的基礎。從

亞里斯多德到現代經濟學家，歷代思想家都在探索如何運用理性來解決社會問題。

柏拉圖曾說，理性是人類與眾生最大的區別。無疑，理性思考使人類在自然界中占據主導地位，並創造出令人驚嘆的文明成就。然而，單純依賴理性並不足夠，情感同樣扮演著重要角色。

人類是感性與理性並存的存在。我們不能忽視情感在人類行為中的影響力。許多經濟學家在分析問題時常常忽視了人性因素，而將其簡單化為單一的理性選擇。

理性思考固然重要，但也不應該完全崇拜理性而忽視情感。我們需要平衡理性與情感，在理性分析的基礎上補充情感因素，以更容易理解人性的複雜性。只有這樣，我們才能建立更加精準和全面的理論框架，為社會問題提供更有力的解決方案。

歷史上，許多思想家都試圖找到理性和情感的平衡點。從亞里斯多德到韋伯，從希克斯到布魯姆，他們都在探討如何將理性與情感系統整合。我們應該繼承前人的智慧，在實踐中不斷探索理性和情感協調發展的新路徑。

唯有如此，我們才能避免理性思考偏離人性軌道，最終建立一個更加人性化的社會經濟秩序。

我們從歷史的軌跡中，可以看到人性的複雜與矛盾。從貴族的驕傲到平民的抗爭，從創造傑作的藝術家到推動社會變革的思想家，每個人物都是人性的縮影，折射出人類文明發展的程序。

比如，法國畫家德拉克羅瓦曾經說過：「藝術就是一種表達內在情感的方式」，而他的畫作正是將內心的感受透過筆觸傳達給觀者。他筆下豪放灑脫的筆觸，反映了他對自由和個性解放的嚮往。又如英國首相迪斯

雷利，他曾經說過「我從未讀過任何書籍能完全啟發我的思想」，可見他是個重視直覺和創造的政治家。相比之下，馬克思主義的先驅考茨基則強調社會經濟因素在歷史發展中的重要性，為後來的社會主義思潮鋪平了道路。

人性中既有理性的一面，也有感性的一面。有的人追求藝術的自由表達，有的人致力於推動社會變革。不同的人物反映出人類文明的多樣性和複雜性。透過對這些歷史人物的研究和理解，我們或許能夠更好地認識人性的本質，並從中找到推動社會進步的力量。

科學與經濟的光輝時代

這是一段揭示人類歷史上重要科學家與經濟學家的精采時代。當時的思想家們開創了新的領域，為現代知識奠定了基礎。我們來細看其中的幾位傑出代表：

列寧是 20 世紀最具影響力的政治家之一，他領導了俄國十月革命，顛覆了沙俄王朝，建立了蘇聯社會主義政權。他在政治、經濟和社會理論方面作出了非凡貢獻，其革命思想至今仍繼續影響著世界。

亞當・史密斯的《國富論》更是經濟學的奠基之作，揭示了自由市場經濟的運作邏輯。他提出的「看不見的手」理論，奠定了資本主義市場經濟的基本原理。儘管隨後出現了諸多批評和修正，但他的理論仍是我們理解現代經濟的基礎。

此外，像馬克思、凱因斯、費雪等大師，也各自為經濟學做出了重大貢獻。馬克思的剩餘價值理論、凱因斯的總需求理論、費雪的貨幣理論等，成為現代經濟體系重要的組成部分。

與此同時，科學領域也輝煌綻放。牛頓的萬有引力定律、達爾文的進化論，以及愛因斯坦的相對論，為人類的認知世界帶來了徹底性的革新。這些先驅的發現和理論，為現代科學文明的建立奠定了根本基礎。

再回顧這段歷史，我們不禁感嘆：這些前輩所開闢的領域，正是我們當下生活與思想的基石。他們的卓越貢獻，足以締造一個燦爛的時代。我們理當敬仰這些科學與經濟的先行者，以他們為楷模，繼續開拓新的疆域。

在這本書中，我們將探索一些最富影響力的思想家，他們塑造了當代世界的面貌。從政治哲學到經濟理論，這些人的著作和思想引導著人類文明的發展方向。我們將深入了解他們的生平、思想轉變，以及他們如何成為歷史上舉足輕重的人物。

這些思想家中包括科布登爵士，他提倡自由貿易，為工業革命奠定了基礎；康德拉季耶夫，他發現了經濟波動的長期週期規律；列寧，他領導了俄國革命，確立了共產主義政權；羅伯斯比爾，他在法國大革命中扮演了關鍵角色；皮古，他倡導政府應對市場失靈，為福利經濟學奠定了基礎。

這些偉大思想家的生平故事引人入勝，他們的觀點和理論亦為今日世界帶來深遠影響。本書將帶您重溫這些歷史巨擘的風采，探討他們如何鑄就我們所處的世界。無論您是歷史愛好者，還是對現實世界感興趣的讀者，相信這本書定能拓寬您的視野，啟發您的思考。讓我們一起重拾這些思想大師的智慧，探索他們如何塑造了時代。

歷史是由偉人塑造而成的，但卻往往由普通人書寫。在這些歷史大人物背後，還有許許多多的幕後推手，他們或是賦予了知識和思想的新路徑，或是牽動著政治權力的遊戲，或是推動了社會變革的浪潮。他們

第二次世界大戰的餘波

每個人都在自己的領域作出了不凡的貢獻，成就了歷史軌跡中的重要轉折。

讓我們一起來探索這些歷史人物的故事吧。

饒勒斯是一位著名的社會主義者，他在法國革命中扮演了重要的角色，推動了許多進步的思想。史特拉福曾是英國首相，他的改革方案受到了不少反對，但最終還是開啟了一個新的發展時期。斯諾登則成為了在全球爆出轟動的洩密者，揭露了政府的監視陰謀，引發了人們對隱私權的重視。

即使是在更遙遠的過去，歷史人物也一樣扮演著關鍵的角色。亞當・史密斯是經濟學的奠基者，他的理論至今仍然影響著世界經濟的走向。斯隆則是當代科學發展的先驅之一，他在醫學領域做出了重大貢獻。

而曠古流傳的人物也絕非止步於此。像是亞里斯多德這樣的哲學家，他的思想一直以來都是人類文明發展的基石。又如詹姆士這樣的心理學家，他的理論開啟了人類認知科學的新紀元。

這些偉人固然是歷史的關鍵人物，但他們的成就並非一蹴而就。正如塞尚所說，藝術是一場漫長的耐心等待，歷史人物的成就也是在不斷探索和努力中逐步實現的。因此，我們不應僅局限於表面的成就，更應該深入了解他們的人生歷程，去感受那份對真理和正義的執著追求。

只有這樣，我們才能真正領悟到歷史的意義所在，理解偉人們留給我們的寶貴遺產。讓我們一起探尋這些歷史人物的精彩故事，一同感受他們為人類文明所做出的不滅貢獻。

科學與經濟的光輝時代

熊彼得的資本主義、社會主義與民主（筆記版）：

創造性破壞與全球經濟秩序，剖析體系與制度的未來發展

作　　　者：	［奧］約瑟夫・熊彼得（Joseph Schumpeter）
編　　　譯：	伊莉莎
發 行 人：	黃振庭
出 版 者：	複刻文化事業有限公司
發 行 者：	複刻文化事業有限公司
E-mail：	sonbookservice@gmail.com
粉 絲 頁：	https://www.facebook.com/sonbookss/
網　　址：	https://sonbook.net/
地　　址：	台北市中正區重慶南路一段 61 號 8 樓 8F., No.61, Sec. 1, Chongqing S. Rd., Zhongzheng Dist., Taipei City 100, Taiwan
電　　話：	(02)2370-3310
傳　　真：	(02)2388-1990
印　　刷：	京峯數位服務有限公司
律師顧問：	廣華律師事務所 張珮琦律師
定　　價：	299 元
發行日期：	2024 年 09 月第一版

◎本書以 POD 印製

國家圖書館出版品預行編目資料

熊彼得的資本主義、社會主義與民主(筆記版)：創造性破壞與全球經濟秩序，剖析體系與制度的未來發展 / [奧]約瑟夫・熊彼得(Joseph Schumpeter) 著 伊莉莎 編譯. -- 第一版 . -- 臺北市：複刻文化事業有限公司 , 2024.09
面；　公分
POD 版、筆記版
譯自：Capitalism, socialism and democracy
ISBN 978-626-7514-85-6(平裝)
1.CST: 資本主義 2.CST: 社會主義 3.CST: 民主政治
549.2　113013461

電子書購買

爽讀 APP　　臉書